天才的なトップに伴走できる人の思考法

超一流の凡人力

株式会社わかさ生活
執行役員専務
松浪宏二

CROSSMEDIA
PUBLISHING

はじめに

「天才」との出逢いは、人生を大きく変えます。

私は、高校卒業後に金融の世界に飛び込み、38歳で「わかさ生活」に転職しました。面接時に出逢った創業社長である角谷建耀知《かくたにけんいち》は、私の志望動機や学歴についてはさほど聞かず、終始、自身が今からやりたいことについて熱弁していました。夢を語るその表情は希望に満ち溢れていて、非常に眩しかったのを今でもよく覚えています。

それまでも、社長や上司など、いわゆる〝トップに立つ人間〟はそれなりに見てきましたが、こんな人は初めてでした。

そして、わかさ生活の社員として働くようになり、社長のことを知れば知るほど「この人の力になりたい」と思うようになりました。

「自分のビジネスマンとしての残りの人生は、この人の見ている世界を共に実現する伴走者になろう」と、決めたのです。

組織における経営者の伴走者として、最も有名な方といえば、故・藤沢武夫氏でしょう。

今や〝世界のホンダ〟としての異名を持つ本田技研工業株式会社は、技術者である故・本田宗一郎氏が創り上げた企業ですが、経営の実権はすべて藤沢氏が任されていたというのはよく知られた話です。

藤沢氏自身も「本田技研の経営を担ったのは自分である」と認めています。

ただ、一方で「私に社長が務まるかといえば、それは無理です」とも言っています。

彼は本田氏の人柄や技術力に惹かれたからこそ、自分がトップになるのではなく、本田氏が思い描く夢を叶える〝架け橋〟になる道を選んだのでしょう。

このほかにも、Ａｐｐｌｅの前最高経営責任者であるスティーブ・ジョブズにはティム・クックが、パナソニックホールディングスを一代で築き上げた松下幸之助氏には高橋荒太郎氏が、トヨタ自動車の創業者である豊田喜一郎氏には石田退三氏が……と、カリスマ的な創業者としてその名を馳せる人々の隣には、必ずと言っていいほど伴走者が存在しています。

創業者というものは往々にして、強烈なまでのリーダーシップ力を持ち、圧倒的に先見の明がある。24時間365日休みなく働き、常人の発想を超えた思考を巡らせて誰よりも先の未来を見つめています。

言うなれば「天才」です。

凡人の私は――いえ、ここではあえて「私たちは」と言いましょう――そうはなれません。

しかし、天才に心底惚れ込み、共に働きたいと願ってやみません。

そして、多くは「どうすれば伴走者として適した人材になれるのだろうか」と、日々考えているはずです。だからこそ、本書のタイトルは『超一流の凡人力』としました。

〝天才創業者〟の夢を実現するためには、自分事として共に行動し、覚悟を持って形にしていく実行者の存在が必要不可欠です。

そして、たとえ凡人だったとしても、天才と仕事をする上でのスキルを磨けたら、「超一流の凡人」に必ず成長できると、私は断言します。

なぜなら私自身が、天才に出逢い自分の凡人ぶりをこれでもかと突きつけられた結果、凡人力を極めることができたからです。

非才を認めるのは簡単ではありませんが、今、私は凡人として天才の仕事に貢献できている自負があります。

凡人でも努力すれば、天才を支えて組織の中で大きく活躍できると、強く実感しています。

本書には、そんな私がこれまでに身につけた、凡人力を発揮するための心構えと仕事論をまとめました。

世の中には、天才と称される経営者が他にも数多くいます。そんな強いリーダーが率いる会社で今現在仕事をしている人もいれば、近い将来そのような天才のもとで働きたいと願っている人もいるでしょう。

どうすれば天才のアイデアを実現できるのか。どうすれば超一流の凡人として天才の側にいられるのか。

——そんな考えを持つ人たちにとって、この一冊が少しでも気づきやヒントになることを、心から願っています。

松浪宏二

目次

1章 天才と働く世界

2章 天才の生態

3章 超一流の凡人になるための基本ルール

4章 天才ならではのアイデアを凡人力で成功に導く

5章 〝頼られる凡人〟であるための仕事の流儀

6章 天才の下だからこそ、できる仕事がある

カバーデザイン　井上新八
本文デザイン・DTP　柳本慈子
編集協力　仲山洋平　内川美彩（チカラ）

序章

凡人が天才に出逢うまで

差し押さえを目撃。お金の大切さを感じた小学生時代

息子が小学5年生の頃、車に乗っている際に、何気なく私に言ってきたことがあります。

「パパは専務だから、えらいんだよね」

私はひと呼吸おいて、息子を叱りました。

「パパは役職があるからえらいわけじゃない。一所懸命に働く人は役職があろうがなかろうが、皆えらいんだ。世の中で働いている人は、皆素晴らしい。肩書にばかりとらわれるな」

息子は肩を落としてしょんぼりとしていました。たしかに、まだ若いうちは「社長はえらくてそれ以外は普通」とか「たくさんお金を稼ぐためには人の上に立たなければ」と、単純に考えがちです。私だって、そうでした。

そんな私の意識が変わったのは、わかさ生活に入社してからです。

では、どのようにして超一流の凡人になる道を志そうと決めたのか、私の生い立ちを交えながらお話しさせてください。

大阪府箕面市。

大阪北部に位置し、豊かな自然に囲まれたこの地で、私は生まれ育ちました。建築機器のリースを請け負う小さな会社を経営する父と専業主婦の母。

そして、8歳はなれた兄と5歳はなれた姉の5人家族。我慢を強いられた記憶はなく、当時は比較的裕福な暮らしをさせてもらっていたのではないかと思います。

しかし小学2年生の頃、私の人生を大きく揺るがす出来事がありました。

父の会社が倒産してしまったのです。

支払いが立ち行かなくなった我が家のもとには、スーツに身を包んだ複数人の大人が乗り込んできました。

何が起きているのかわからなかった少年の私は、ただただ呆然と立ち尽くし、慣れ親しんだテレビやソファに赤札が貼られていくのをじっと見続けることしかできませんでした。

なんで誰も止めないんだろう、この家はどうなるんだろう、とさまざまな疑問が頭を埋め尽くす一方で、辛そうな表情の両親を見るに、きっと家族は今まで通りではいられなくなるのだということを幼心に感じとりました。

そして、それは現実になってしまいました。

「もうこの家には住めないから」と、生まれ育った家を引っ越すと同時に、毎日家で帰りを待ってくれていた母は昼夜働きに出るようになりました。

父も家計を支えるために無茶をして夜中まで働く日々。家族そろって食卓を囲んだり、休日は皆で遊びに行ったりなんてことは、できなくなってしまったのです。

自分の家なのに自分の家ではない、表現しがたい居心地の悪さを常に感じていました。まるで、ずっと水中にいるかのように息苦しい日々でした。

両親が離婚。初めて知るお金の重み

小学5年生の頃、両親はついに離れる決断をしました。

夫婦の間で一体どんな話し合いがなされたのかわかりません。それが最善の選択だったのか、家族のことを思って仕方なくこうなったのか、今となっては想像するしかありません。

ただ一つ言えるのは、お金がないとたくさんのものを失うのだということでした。手を差し伸べてくれる親戚はおらず、それどころか邪険にされることすらあり、小学生ながらに、お金を稼ぐことの大変さ、お金を失うことの怖さを知ったのです。

母子家庭になってからというもの、身を粉にして働く母が心配で、家事を率先して手伝うようになりました。買い物に一緒に行ったり、部屋の掃除をしたり、料理を作ったり……運動会のお弁当を自分で作ったこともあります。

実は、私の趣味の一つに料理があるのですが、振り返ってみるとこの頃に自分が作った料理を食べてもらう喜びを知ったのかもしれません。

ただ、当時は料理を楽しむ余裕などなく「自分も家族の一員として母を助けなければ」という一心でした。

母が喜んでくれるとうれしい一方で、周囲の家庭と比べて「自分は皆とは違うんだ」「皆はこんなことしないで、放課後は遊んでいるのにな」と、暗い気持ちになることも多かったように思います。

しかし、母にはその気持ちを悟られまいと、気丈に振る舞っていました。それでも、ふとした瞬間に「友だちはいいな。夜は皆そろってごはんを食べられるんだ」「休日に家族旅行なんて羨ましい」と、みじめな気持ちになったものです。

父の会社が倒産しなければ、皆笑顔であの家に暮らし続けていたのだろうかと思わざるを得ませんでした。

ただ、父を恨む気持ちは不思議とありませんでした。父なりに私たちを支えようと必死だったのを見ていたからです。

誰かを恨んだり羨んだりしている時間があるなら、一刻も早く今の暮らしをなんとか変えなければと、中学生になるとアルバイトを始めました。

家にお金がないのはわかっていたので、自分の身の回りのお金を母にもらうのがずっと申し訳なく感じていたのです。近所の食堂にお願いをし、学校が休みのときには汗をたらしながらたこ焼きを必死に焼きました。友だちが塾に行ったり遊びに行ったりしている間も、ずっとです。

　でも、まったく辛くなかった。これでようやくお金を使う後ろめたさがなくなると思うと、働く喜びさえ感じました。

　学業よりも、バイトが優先の学生生活でした。でも、それで良かった。高校を卒業してすぐに就職をし、家にお金を入れている兄の姿を見ていたので、自分も卒業したら進学などせずに働こうとこの頃から決めていたからです。

　今思うと、どんなことでも必死で食らいつこうと頑張っていく姿勢は、この経験があったからこそ養われたのかもしれません。

　そして今でも、女手一つで高校まで出してくれた母、私の面倒を見てくれた兄と姉には心から感謝しています。

ノンバンクの世界に飛び込む

　お金の上に成り立っていた生活。お金を失ってなくした家族との時間。友だちとの時間。親戚のつながり。

振り返ると、私の人生はお金に振り回されてばかりでした。同じことは二度と繰り返したくない。自分は、お金に使われる立場になりたくない。

そう考えた私は、高校を卒業したら絶対に金融業界に就職しようと決めていました。お金の流れる仕組みをわかっていれば、たとえ学がなくとも生きていくための力が身につくと思ったのです。

18歳になる年、紹介を受け、大阪の証券会社の取引所で「場立《ばた》ち」として勤めることになりました。

場立ちとは、立ち会い取引が行われる会場に立ち、売買を成立させる仕事です。現在は株価の動向は電光掲示板ですぐにわかるようになっていますが、当時は大勢の場立ちが会場に集まり、各社のブースから「手サイン」で伝えられた株の情報をもとに売買を行っていました。

会場内は常にごった返していて騒然としていましたが、毎日必死で働きました。

そこで二年間ほど勤務したあとは、伝手をたどって22歳で大手の消費者金融会社に入社しました。

このとき、私は一つの目標を掲げました。

四大を出て「エリート」と言われるような人々は30歳で年収1000万円を超えると聞いたので、自分も30歳になるまでにその程度は稼げるようになるというものです。

私は決して裕福な出自ではありません。中学からアルバイトを始めたので勉強なんてほとんどしてきませんでした。「学力」という点においては、エリートサラリーマンに大きな引けを取っています。

しかし、努力をすれば自分でも同レベルの稼ぎを達成できるようになることを、自分自身の力で証明したかったのです。

入社早々に営業の仕事を任された私は、がむしゃらに働きました。自分が上に上り詰めるためには、寝る間も惜しんで奔走しました。

各営業所には目標が設定され、その項目をどれだけ達成したかが評価につながります。完全成果主義の会社だったので露骨に営業成績で評価されるのは大変でしたが、しかし一方で、頑張れば頑張ったぶんが数字に現れるため、無我夢中で働く私にはぴったりでした。

同僚や先輩上司に支えられながらずっとトップを独走する日々が続き、気づけば24歳にして管理職に就いていました。社員研修はもちろん、マネジメントやコーチングを担当するなど、約150名のチームをまとめる、忙しくも働きがいに満ちたポジションです。慕ってくれる部下も増え、年収は1000万円以上に。

めまぐるしく変わる金融の世界で成り上がっていくには勉強も欠かせませんでしたが、それでも結果がすべてわかりやすく数字に現れることに、それなりのやりがいを感じていました。

仕事のイロハを教えてくれた上司との出逢い

また、私の金融業時代を語る上では欠かせない人物がいます。8つ年上だった上司です。彼はいつも私に対し「もっと頭を使え」「本当にお前は馬鹿だなあ」と、今なら考えられないような言葉ややり方で仕事のイロハを教えてくれました。

はたから見たらきつい言い方だったとは思いますが、不思議と腹が立つことはありませんでした。それどころか「よし、だったら褒められるまで頑張ろう」「認められるようになろう」と向上心がより掻き立てられました。

誰よりも仕事が早く営業成績も良かった彼を心から尊敬していましたし、少々強い言葉を使いながらも、愛情を持って仕事を教えてくれていることを感じとっていたからかもしれません。

学歴もなく、ほぼアルバイト経験しかなかった私に「社会人」としてのイロハを叩き込んでくださったのは、間違いなくこの上司です。彼から教わったことで今もよく思い出すものに「仕事の三カ条」があります。

一：目標は達成して当たり前のものである

目標を達成したら普通の人は諸手を挙げて大喜びするが、それは極めて当たり前のこと。さらに評価を受けたいなら、プラスアルファの働きができるようになるべきだ。目標を達成したくらいで喜ぶな。一流になるなら、飛び抜けて上を目指せ。

二：見えないところを見ようとする目を養う

例えば、「デスクの上を綺麗にしなさい」と言われたら、普通は物をしまったり避けたりして、なんとなく片付いた風を装う。しかし「綺麗に」と言われたら、すべての物をどかし、隅々まで洗剤を使って拭き上げ、チリ一つない状態にするべし。普通の人ならスルーするような見えない部分まで気を配り、常に一歩先を行くスキルを身につけろ。

三：決められた時間を守る

時間をかけてじっくり取り組んだからといって、良い仕事になるわけではない。また、クオリティにとらわれて時間を守らないのは最低のことだ。本当に良い働き方というのは、決められた時間内に、決められた物事をしっかりと納めることを言う。

彼のもとで働いている間は、特にこの三つを常々言われていました。今に思うと「プラスアルファの働きかけをする」や「見えないところに目を配る」など、天才と凡人の違いに通ずる教えを叩き込まれていたようにも感じます。

一流のビジネスマンとしての仕事への向き合い方や考え方をここで学べたのは、本当に良い経験でした。

15年働いた会社に別れを告げる

しかし、金融業界は取り扱う商品が「お金」である以上、何かとトラブルが起きやすい世界です。数多の辛酸を嘗めてきた私でも、耐え難いと思う事態が起きました。

きっかけは、２０１０年施行の「貸金業法及び出資法改正」です。

金融業者からお金を借り入れする際には、法律によって金利の上限が定められています。その上限は、利息制限法が20％、出資法は29・２％でした。

ところが、２０１０年の法改正に伴い、出資法の上限金利が20％に引き下げられることが決まったのです。

これにより利息制限法が定める利率で算出した部分を超える利息は「無効」だと定められ、一定の期間に借り入れをした消費者の一部は、過払い金の返還請求ができるようになりました。いわゆる「グレーゾーン金利問題」です。

返還に伴う企業の負担は重たく、多くの消費者金融が業界再編に乗り出しました。しかし、私が勤めていた会社は資金調達が潤沢にできない環境に陥り、大規模な希望退職を募り始めました。

法改正による仕方のない判断だとしても、会社の指示に従うことを非常に屈辱的に感じました。

最初に掲げた目標にもすでに到達していましたし、考えれば考えるほど、ここで自分が働く理由が見つからなくなっていきました。こんな辛い目にあうくらいなら、自分も早期退職の道を選ぼうと思いました。

そして、15年働いた会社から去ることを決めたのです。２００９年12月のことでした。

しばらく、再就職のことは考えずに家でのんびりと過ごす日々が続きました。早期退職で得た退職金もありましたし、今まで休日なんて関係ないほど仕事に没頭してきたので、いい機会だから家族にとことん向き合おうと思ったのです。

ちょうど翌年の一月には長女が産まれたので、妻と子どもとかけがえのない日々を過ごすことが何よりの幸せに感じていました。自分の人生の中で一番と言ってもいいほど、穏やかな時間が流れていました。

とはいえ、これから子どもを育てていくためにはいつまでも仕事をしないわけにはいきません。人生の約半分を過ごしてきた会社を去った自分が、次に進むべき道はどこか。

そう考えたときに、中学生の頃のアルバイト経験から、飲食店に勤める選択肢が浮かびました。自分が作った料理を「美味しい」と褒められるのはたまらなくうれしいものがありますし、その当時、時間ができたことから夫婦で蕎麦打ちを習いに行っていたため「脱サラして蕎麦屋を始める人生も面白いのではないか」と思ったのです。

しかし、まだ幼子を抱える身。家族のことを考えたら、脱サラはあまりにも大きな賭けです。

ここに私の凡人ゆえの小心者っぷりが表れているわけですが、妻からも「できればサラリーマンでいてほしい」と言われ、改めて再就職先を探す日々が始まりました。

長く金融業界に勤めていたため、同業種からのオファーがなかったわけではありませんが「金融機関には絶対に転職しない」とだけは決めていました。

学がないなりに懸命に働き、自分なりに結果を出してきたつもりです。金融業界で働いていたことに後悔はしていませんが「お金」を商品にしていた以上、その裏では辛い思いをしてきた人もいたことでしょう。

また、今後も規制や法改正によって業界全体の縮小が進むことも予想されましたから、成長業界ではないと感じたのです。

そして、お金にかかわる〝裏の世界〟を見てしまったからこそ、次は世の中や人のためになる仕事がしたいと決めていました。できるなら自分が好きな「食」が関係していると良いな、と願っていました。

サプリメントを販売する企業への転職

そんななか、「わかさ生活」と巡り合わせてくれたのは、妻です。

エージェントから紹介を受けた数社の中から、妻が「わかさ生活、いいんじゃない?」

と言ってくれたことで、私は初めて興味を持ちました。

たしかに関西では一度聞いたら耳から離れないほど印象的なテレビＣＭがよく流れていたので馴染みがあり、地元に根付く企業というイメージ。多くの人々の健康に貢献している印象からも、まさに私の希望に近いと感じました。

ちょうど大阪に育成センターができたタイミングで、そこの教育担当の募集が出ていたことから、社員のマネジメントなら前職の経験が活かせるのではないかとも思いました。

こうして私は、わかさ生活の扉を叩くことになります。


面接での出来事は、すでに「はじめに」でお話しした通りです。

社長である角谷が描くこれからの未来像は、まだ社員にすらなっていない私でも聞いているだけで心が躍りました。

本来、社長と直接話せる機会に恵まれたのなら、ここぞとばかりに自分の経歴をアピールし、入社できるように取り入るべきなのかもしれません。

しかし、不思議と自分のことは良いから「もっと社長の話を聞いていたい」と思わされました。きっと、この時点で私はその天才性に引き込まれていたのでしょう。

そして、2010年6月、マーケティング部のマネージャーとして迎え入れていただきました。「数字に強い」というスキルを買ってもらえたのだと解釈しています。ここなら前職の経験も活かして働いていけるだろうと思いました。

まったく通用しない……折れかけた心

とはいえ、金融業から通信販売業という、まったくの異業種への転職。前職の経験よりも前に、求められる職能が大きく違いました。

商品を広めていくために何をすべきなのか。どうすれば利益を生み出せるのか。過去のデータをもとに、ロジックを示して提案することなら、私の経験が活かせます。

ところが、わかさ生活が発信している折込チラシやテレビCM、広告、看板などのツールには、すべて「商品を売るための物語」があったのです。

今まで、商品に対する物語なんて考えたことがありませんでした。私はずっと数字をロジカルに紐解いて「説得」をする商売を得意としてきたからです。

しかし、わかさ生活では、物語を伝えてお客さまに「説得」ではなく「納得」してもらうことを大切にしていました。

例えば、サプリメントをお客さまに知っていただく際に「過去10年の統計から導き出した……」「年間売上ナンバー1の日本一売れている商品で……」と、数字を羅列して説得力を持たせるのではなく「このサプリメントを愛用しているAさんは……」と、体験談を物語として感情に訴えることで「すごいなあ。私も飲んでみようかしら」と、納得感を持たせるといった具合です。

15年働いてきて仕事への向き合い方には自信があったのに、私の考えはまったくと言っていいほど通用しませんでした。頑張ろうと思えば思うほど、力を発揮できない自分に悔しさが募りました。

さらに周りは20～30代前半の若手社員ばかり。即戦力になれない自分が情けなく、毎日、プレッシャーとの戦いでした。

さらに私が苦しんだのは、価値観の違いです。

わかさ生活は私が知っている一般的な企業とは、働き方も考え方もまったく異なっていました。

特に驚いたのは社長との距離の近さ。前職では一社員が社長と毎日顔を合わせるなんてことはなかったため、社長からじきじきに仕事の依頼がおりてくる社風に慣れず、最初のうちは対応に四苦八苦したものです。

また、100%とは言わずとも、ある程度の状態まで仕上げてから提出する仕事のやり方が正義だと考える人も多いと思いますが、わかさ生活では二、三割でもいいから何よりも「初速」を大切にしています。

一人で抱え込み「ああでもない、こうでもない」と作り込んでいる時間があるなら「アイデアベースですが……」と途中経過を見せて、皆で意見を出し合いブラッシュアップしていくほうが、結果的に良いものができるからです。

途中経過を見せることで、もしも認識に齟齬があった場合には早めにリカバリーができます。

この〝超スピード仕事術〟は天才的な感性を発揮している経営者に多く見られる手法で、今でこそ、自分も部下には「素早く成果を出すためにはアウトプットも素早くね」と教えていますが、当時は「そんなやり方はありえない」とすら感じていました。

中途半端な状態で提案したところで見せられたほうも困るだろうと思いましたし、遅れて注意を受けるなら仕方がないにしても「一週間後の会議で発表してください」と言われたら、そこに間に合うように作成すれば何の問題もないのではないか、と思っていたからです。

こうした前職での凝り固まった価値観がなかなか消せず、周りから、「あなたには、わかさ生活の社員として働いてもらっています。だから、どうかうちのやり方で仕事をしてほしい」と、苦言を呈されたことさえありました。

そうしているうちに、一体、正解が何なのかがわからなくなってしまいました。私から見たら十分な仕上がりなのに、それを認めてもらえないなら、どうしたらいいんだろうか……。ますます、自分の常識が通用しないことに不安を抱きました。

自分はこの会社に入って何がしたかったのか。何ができるのか。期待通りの成果を上げるには――。まったく思い通りにいかない日々は、耐え難い陰鬱な圧迫感となって私を襲いました。
そして、そんな不安感は、やがて心の平衡を狂わせます。

まさか自分が……受け入れがたい現実に直面

あるとき、会社の入り口を通過した途端に目の前の視界がぐにゃりと歪み、全身が逆立つかのような言いようのない絶望感が体中を駆け巡りました。冷や汗がどっと溢れ、そこから一歩も動けなくなってしまったのです。

自分でも、一体何が起きているのかわかりませんでした。今日こそは結果を出さなければと、早く社内に足を踏み入れたいのに、早く仕事がしたいのに、早くパソコンを開かないといけないのに――その一歩が、どうしても踏み出せません。様子のおかしい私を見つけて、人財部門のリーダーが駆け寄ってきました。

「どうしたんですか？」

「それが、自分でもよくわからないんです。体が動かなくて……」

「大丈夫ですか？」

「いや、大丈夫なはずなんですが、なぜか会社に入れなくて……」

「立ち上がれますか？」

「はい、大丈夫です……多分……」

リーダーの問いに必死で「大丈夫です」と繰り返すのですが、内心では「これは大丈夫ではないだろう」と思っていました。吸って吐くという、日々当たり前にしているはずの呼吸を、意識しなければ忘れてしまいそうな状態だったからです。

心配をかけまいと必死で笑顔を作ろうとしますが、まるで肺が張り付いて動かないような息苦しさと闘っていました。こんな状態に陥るのは初めてで、パニック寸前でした。

すると、そんな私の心境を察してか、リーダーは、

「今日のところはいったん休んで、病院に行きましょう。慣れない業務で疲れが出ているだろうから、少し休んだほうがいいですよ」

と、落ち着いた声で告げました。

「病院……ですか？」

内科なのか外科なのか、はたまた整形外科なのか。そんなことを考えようとして、すぐにやめました。

自分でも、これは間違いなく「心療内科にかかるべきだろう」と思ったのです。人財部門のリーダーの目も、それを訴えかけているようでした。

しかし、ここまできても私は「一日休めばすぐに元通りになるだろう」と、どこか楽観的に考えていました。

人の生死に直結する「お金」を扱う前職は、お世辞にもホワイトとは言えない世界。そんなストレスフルな業界に15年も従事し、それなりの実績を築いたのです。ここには書けないような、ひどい状況を経験したことも一度や二度ではありません。

そんな自分の心身が、こんなにも脆《もろ》いなんて認めたくなかったのです。ちょっと休んだら、また明日からも頑張れると、必死に思おうとしていました。

しかし、医師からくだされた診断は、まごうことなき「うつ病」でした。

「完全に心が疲れ切っています。しばらくは仕事から離れて、しっかりと休養の時間を取ってください」

「はあ……」

目の前で起きている事態が、自分には関係ないように思えました。うつ病で休職をする社員は何度か見てきましたが、まさか自分が当事者になるなんて、一度も考えたことがなかったのです。

でも、私の手元には医師が書いた診断書があり、病名の欄には「うつ病」と記載されています。その文字を何度もなぞるうち、現実に引き戻される感覚がしました。

「もう、自分はダメかもしれないな……」

入社して、約三カ月目のことでした。

そして私は、天才に惚れた

会社に診断書を提出したところ、咎《とが》める人など一人もおらず「しっかり休んでまた一緒に働きましょう」という言葉に支えられるようにして、ふらふらと帰宅。

すぐに床に伏せると、これまでの自分の行動を一つひとつ振り返りながら、これからの自分の行く末を案じました。目を瞑《つむ》ってもなかなか眠りにつけず、自分の胸の鼓動だけがいやに速く聞こえます。

出口のない真っ暗闇の迷路を、一人でずっとさまよっているようでした。どこかにゴールがあるはずだと手探りでずっと進んできましたが、もうそこまでたどり着けるような体力は、肉体的にも精神的にも残っていませんでした。

何より、私は「昭和の人間」的な古い考えがまだ抜けていなかったので、寝食を忘れてでもがむしゃらに働かなければいけない、休んではいけないというある種の〝呪い〟にかかっていたのだと思います。

数日経つと布団から起き上がって日常生活を送れるようにはなりましたが、こんなに休んで会社のために貢献できない人間は、すぐにでも会社を去るべきだと思いました。そして、休職を言い渡されて二週間が過ぎた頃、私は「退職」を決意します。

退職届を鞄に忍ばせ、久しぶりに会社の前に立ちました。

辞めるにしてもしっかりと挨拶はして、筋を通しておきたかったのです。

何度も深呼吸をし、エレベーターに乗り込みます。休養をいただいたからなのか、自分の中で決心がついたからなのか、不思議と足取りはそんなに重くありませんでした。誰よりも先に、社長のもとに行かなければ……と、頭の中で何度もシミュレーションをしていると、たまたま会議室から出てきた角谷と鉢合わせたのです。

長く休んでいたことについて何か言われるだろうかと少しビクビクしながらも、まずは挨拶をしようと口を開きかけた瞬間。私の顔を見るなり、喜びに溢れた表情で駆け寄ってきました。

その顔を見ると、不思議と「言わなければ」と思っていたセリフが面白いように消え去ってしまいました。

同時に不安も消え、うれしいような恥ずかしいような、何とも形容しがたい感情に包まれました。

「長く休んでしまい申し訳ございませんでした」

私が申し訳なさそうに頭を下げると、

「大丈夫か！　心配してたんや！　体調は治ったんか？　よかったなあ」

と、社長は「よかった、よかった」と繰り返しつぶやきました。瞬間、真っ暗闇だった迷路に光が差し込んだのがわかりました。これならゴールまでたどり着けるような自信が湧いてきたのです。

後にも先にも、自分が一度決めたことを覆すのは、これが初めてだったかもしれません。辞めようという気持ちが嘘のようになくなると共に、「この人のために頑張ろう。この人の夢を、共に実現しよう」と、新たな決心をしました。

退職届は、その日のうちにすぐに燃えるゴミになりました。

それからというもの、商談や会食、会議など、時間が許す限り「自分も連れて行ってください」と声をかけるようにしました。その時間帯は社長を独占できるので、社長の考えをじかに聞けます。

そして、角谷建耀知という人物を知れば知るほど、どんどんその魅力に引き込まれていきました。

本田技研工業の創設者である本田宗一郎氏の周りには常に人がいて、社員からも慕われていたといいます。

おそらく、人を惹きつける不思議な魅力があったのでしょう。角谷もまた不思議なオーラをまとっていて、社内外にファンがいるような人です。入社したばかりの頃はその様子にもやや驚いたのですが、今となってはうなずけます。

なぜなら私も、その熱狂の中にいるからです。


そして、一日中時間を共にしながら、穴があくほど彼を観察しました。動作や仕草など、目に見えることはもちろん、心の機微にも注目し、どんなときに感情が動くのかを必死で読み取ろうとしました。

すると、次第に「なぜここであの発言をしたのか」「なぜ難色を示したのか」が、少しずつわかってきました。

「それならそうと言えばいいじゃないか」と思う人も、なかにはいるかもしれません。しかし、あえてそうしないのは、社員には主体的に、能動的に動ける人になってほしいと常々願っているからだと解釈しています。


だからこそ、私は一流の凡人を目指すことを決めました。

天才の思考を熟知し、自分のなかで噛み砕き、それらを社員たちにわかりやすく伝えて天才の考えを浸透させることができたなら――。

きっと、わかさ生活という天才が率いる船は、もっと大きな海へと漕ぎ出せることでしょう。

天才が描く夢を共に実現できる未来も、そう遠くはないはずです。

そのために、私は今日も凡人として天才に伴走し続けるのです。

1章

天才と働く世界

天才だけが持っているもの

「天才」とは一般的に、常人が努力をしても到達できないレベルの、優れた才能を持つ人物を指します。字の通り、天から与えられた才能です。

世の中には「天才」と称される方がたくさんいますが、私が初めて「こんな人を天才と言うのだな」と心の底から感じたのは、わかさ生活の創業者に出逢ってからです。

様々な場面での、あらゆる事柄に対する発想、解釈、視点、そして判断――。そのすべてが「えっ⁉」という驚きに満ち、そして「そこまで深く考えられていなかった」と、発見の連続です。どれをとっても自分とは違いすぎる。そんな体験を、10年以上していています。

ここで明らかにしておきたいのは、いわゆる企業のトップは大きく分けて2タイプあるということ。天才的な直感や感性で経営をする人と、努力をしてコツコツ積み上げてきた数字など、徹底したデータに裏付けされたものをベースに経営をする人です。どちらのタイプも素晴らしく、是非を問うようなつもりは毛頭ありません。

あくまで私の経験則ですが、天才に分類される経営者は、創業社長に多い印象があります。

ゼロから事業を立ち上げ、自身の会社を育て上げてきた人は唯一無二の存在であり、自分が成し遂げたいものに一心不乱に取り組むからか、実にエネルギッシュで独特の感性を持っているのです。

では、どんな経営者を天才だと思うのか、私なりに整理してみました。

天才は「職位」を重んじない

社長、専務、常務……と、通常の企業には職位が存在します。職位とは一般的に、責任の所在や仕事をするうえでの立場を明確にするための、いわば権限の目安となるものです。外部の取引先も「この話は誰にしたら良いのか」がわかりやすいため、役職を設定することは大切です。また、役職が上がれば給与の金額も変わるので、上昇志向が強い人にとってはモチベーションアップにつながる効果もあると言えます。

しかし、役職という制度があるがゆえに「自分は経営者ではないから関係がない」と思っている社員も少なくないのでは。あるいは「この仕事の責任は私ではない」と、勝手に思い込み、仕事に取り組んでくれない社員もいるかもしれません。

それは〝おえらいさんや担当者がやってくれる世界〟が当たり前だと思って生きているからです。私も前職の頃は、極端に言えば「社長はえらい、平社員はえらくない」というように役職で人を判断していました。

天才は違います。

「社長だからえらい」なんて、微塵も思いません。常にトッププレイヤーとして現場にフルコミットしています。その様子はこちらが恐縮してしまうほどです。そんな姿を見ていると、職位は外部にわかりやすく役割を示すだけの文字にしか過ぎないのだということを、身をもって実感します。

また、天才は驚くほど人の年齢や実績、経験などを気にしません。その業務に関する知識や経験がなくても、その人の長所や可能性を見抜いたうえで「やってみたら？」と、挑戦する場やチャンスを与えてくれます。

例えば、弊社の公式Xを運用しているのは、新卒で入社した社員です。彼はアカウント運用やネットマーケティングなどの経験はゼロでしたが「わかさ生活のＳＮＳ担当になりたい」と自ら志願し、会社もその心意気を受け入れました。

そして現在では、公式Xのフォロワー数は13万人を超えています（２０２４年4月時点）。役職や経験ではなくその人の特性ややる気を見抜き、担当社員もそれに応えようと頑張ってくれた結果だと思っています。

つまるところ、天才的な経営者は過去の数字にとらわれず、常に従業員一人ひとりの可能性を見出し「この人は本当にやる気がある」「きっとこの素質がある」「この人なら面白い未来を創ってくれるに違いない」と一人ひとりを見ているということです。

そして、そんな人々に自分の想いを託すのだと思います。

天才は「生きたお金」を使う

お金への考え方も、天才と凡人では大きな違いがあります。

会社に最終利益が潤沢に残った年に「ベストな利益の使い道は何か」を幹部社員で話し合ったことがあります。私は金融業界で長年働いていたこともあり、また、資産運用は一般的な使い方であることから、「投資」を提案しました。会社のためにも、この機会に資産運用に力を入れるのは大切だと考えたからです。

しかし、会社としての判断は違いました。

「今よりお金が欲しいわけではない。生きたお金の使い方をしたほうが良い」ということになったのです。

金融や投資の世界では「生き金」「死に金」という言葉があります。「生き金」は新たな価値を生み出すものを指し、「死に金」は一時の欲望は満たしてくれるかもしれないが未来につながらない、一過性のものを指します。そして、金融業界から見たら投資に回すことは「生き金」で、ポジティブな意味合いを持つのです。

天才にとって、お金を増やすためだけの投資は「死に金」。そして、天才にとっての「生き金」は、お金そのものの価値ではなく、人のために使うお金のことを指します。

事実、創業社長として一代で会社を大きくしたにもかかわらず、自分だけの食事の際には私たちと同じようなリーズナブルな飲食店に行く社長の姿を、何度も目にしました。自分自身には、驚くほどお金をかけないのです。

自分のためだけになるお金の使い方は、特に意味がない「死に金」の一つだからでしょう。だから、資産を増やしたり守ったりするだけの運用には意味がないと考えているのです。

それよりも、「どう使えば周りの人が幸せになるのだろう。良いことが起こるのだろう。未来につながるのだろう」という観点を、常に大切にしているように思います。

ですから、投資すべてが「死に金」というわけではありません。「未来のため」や「人のため」の投資は「生き金」と考えます。

例えば、頑張っている人への投資は「生き金」です。

弊社では一定の評価制度を設け、その項目に基づいて毎月の総会で社員を表彰する制度があります。「特別賞」「エール賞」「過去最高更新賞」「改善賞」など、できるだけ多くの社員を表彰できるように項目を細分化し、皆がお互いに頑張りを認められる流れを作っています。

そして、給与にインセンティブをプラスして支払うことで、モチベーションにつなげているのです。なかでも「社長賞」は、社長自らが感謝を伝えたい人を選びます。私自身、過去に三回受賞したことで、より一層「頼りにされているのだ」という気持ちが強まり、「もっと会社のために貢献しよう」と気を引き締めたものです。

また、未来への種まきとしての投資も「生き金」です。

例えば私たちは、視覚障害者のためのアプリを提供している企業に協賛しています。この企業が成長したらリターンが返ってくるだろうなどという気持ちは一切なく、目が見えなくても不自由なく、どこにでも移動できる社会の実現を目指す考えに、純粋に心から共感しているからです。お金を増やすためではなく「目指す未来が自分たちと似ている」とか「応援したい」といった気持ちからくる投資には、このように一切惜しまないのも天才の特徴だと思います。

天才は、お金をただ持っているだけでは何も生み出さないことを知っています。だから、投資に回してお金を増やすことに力を入れるよりも、使うことで何かを生み出すことを重要視します。「せっかくだから大事に取っておかなければ」なんて考えないのです。

天才の意見は「朝令暮改」

朝令暮改とは、命令や法令、方針などが一貫せずに、朝に言ったことが夕方には改められ、定まらないこと。

本来の「朝令暮改」は、一般的にはネガティブな意味合いを持っています。「社長は方針がころころと変わるから、そのたびに現場が振り回されて困ってしまう」という嘆きの声を聞いたことが、私もあります。

たしかに、朝に「この案件はAで進めてほしい」と指示をされた通りに動いていたのに、夕方になって「Bにしよう」と言われたら、困る人も多いでしょう。

しかしビジネスは生きもので、状況は刻一刻と変わります。真剣に考え続けていればいるほど、思考は進化していくものです。

社会情勢も何もかも、状況は目まぐるしく変転し、もはや誰にも予測できないことが日々起きています。時代や潮流に乗っているだけでは生き残れないと言っても過言ではありません。

つまり、朝令暮改にならないよう「一度決めた方針だから変えるわけにはいかない」と頑なに守り続ける姿勢よりも、臨機応変に、柔軟に対応し、行動できる姿勢のほうが求められているのではないでしょうか。

私が15年勤めた金融会社は、良くも悪くもわかりやすい大企業であったため、会社としての仕組みができあがっていました。「決められたことを、決められた期間に、決められたやり方でやりきる」ことで成果が上がる土台とルールがあったのです。

私も、そのような仕組みの中で努力をし、20代で課長職を拝命し、約150人の部下のマネジメントなどを経験してきました。ゆえに、ルールがあることの大切さも深く理解しています。

しかし、今はそのような〝大企業〟が、時代の変化についていけずに業績を落としたり大きな課題にぶつかったりしている状況です。

もちろん、大企業の社長や取締役、役員の方々も優秀なビジネスマンであることに間違いありません。ある程度できあがった仕組みやルールの中でスピーディーに最大の成果を上げていることを、私もよく知っています。

ただ、「仕組みもルールもない、まったく新しいこと」に挑戦する際には、天才の感覚に敵うものはないと思っています。天才の感覚とは、極端な言い方になってしまいますが「私たちには見えていないものが見えている」という感覚です。

約束されたことがない、何が起こるかわからない「新しいビジネス」の世界において、私たちに見えているのがせいぜい1㎞先だとしたら、天才は10㎞、100㎞先まで見えているのです。いえ、「見えている」というよりは「常により遠くを見ようとしている」と言ったほうが正しいでしょうか。その結果、人より先に、一手、十手、百手先が予測でき、行動に移せるのだと考えています。

それなのに、ビジネスにおいて朝令暮改を良しとしない風潮がなかなかなくならないのは、なぜなのか。そこにはおそらく「ルールで動くことが前提なのに、そのルールを変えられた」という気持ちが、普通であれば条件反射的に生まれてしまうからでしょう。

しかし、天才はそもそもビジネスで一定以上の成果を出している人です。そして、あなたは少なからず「超一流の凡人になりたい」「この人に認められて、成果を出したい」「この人についていき、同じ景色が見たい」「この人の役に立ち、共に喜びを分かち合いたい」と思っているはずです。

それであれば、一般的に「朝令暮改」と思われるようなシーンに遭遇したとしても「朝と言っていることが変わった。この数時間の間に、どんな情報に触れ、どんな思考を巡らせたのだろう」と、天才の見ている景色や感じていること、ロジックを理解しようと考え、動いていくことが大切なのではないでしょうか。

それが、天才の伴走者としてのあるべき姿であり、一流の凡人だと思うのです。

凡人力に欠かせないスキル

従来の組織体制にとらわれない。すぐに行動する。生きたお金を大切にする。時間の経過と共に、意見を変えることを良しとする。

——文字にすると、天才とは、なんと大胆不敵なのだろうかと思ってしまいます。普通に学校に通い、普通に社会人になる中で学ぶ「常識」とはまったく異なっていると言っても過言ではないでしょう。私も普通に学校を出て、大企業で働き、38歳のときに初めて天才と出逢い、多くのことに驚きました。

そして、その天才に魅了され、もう10年以上を共にしていますが、どれだけ側で仕事ぶりを見ていても、到底真似をすることなんてできないと、常に思わされます。自分はなんて凡庸な人間なのだろうかと実感するのは日常茶飯事です。

だからこそ、「天才を支える人間になりたい」「この天才が見ている世界を実現させる橋渡しをしたい」と思い、そのために全身全霊を尽くすことを決めたのです。

そのために必要な凡人力は、端的に言えばただ一つ。「言われたことを、言われた通りにやる力」です。

「おいおい新人じゃないんだから」と思うかもしれませんが、天才と働くうえではこの能力が何より欠かせないと自信を持って言えます。

成長意欲やハングリー精神のある人ほど、自分の能力を示そうとトップからの指示に自分のエッセンスを混ぜてしまいがちです。もしもそれが大きくプラスに働くようなアイデアなら大歓迎ですが、天才は私たちよりもずっと高い視座で物事を見たうえで、アドバイスを出しています。

だったら、まずは素直に従うことが大切だと、私は思っています。

例えば、「料理が苦手だから、レシピ本を読みながら作っているのに、毎回失敗して仕上がりがあまり美味しくない」と言う人によく話を聞くと「砂糖は大さじ2と書いてあるけど甘めが好きだから倍量入れたほうが美味しいかも」とか「塩分を控えたいから醤油は抜いたほうがいいだろう」とか、自己流でアレンジをしていることがほとんどです。

料理において天才的な感覚を持つプロが作るレシピを、料理の知識がない凡人が「こっちのほうがいい気がする」と、勝手な判断で捻じ曲げてしまっているのです。そんなことをしたら、うまくいくものも失敗するのは当然でしょう。

天才のアドバイスも同じ。変に解釈せず、まずは真摯にその意見を受け入れてみましょう。そこが、一流の〝凡人道〟を極める第一歩です。

ただし、「言われたことを言われた通りにやる」ことと「言われたからやる」は、似て非なるものです。後者の言葉は、「何か途中でトラブルが起きても、私は言われた通りに動いただけなので、関係ありません」という姿勢や考え方に通じるからです。

「言われたことを言われた通りにやる」うえで忘れてはならないのは、自分事として「言われたこと」をインプットすることです。「こんな指示を受けた。だから、言われたままにやりました」ではなく「こんな指示を受けた。なぜ相手はこう考えたのだろう」と、天才の思考回路に近づく努力をする。

そうすると自然とその指示は「自分事」になり、何か問題が起きたときでも自分がやった仕事として責任を持てるようになります。

そして、その考え方が仕事に大きな差を生み出し、凡人の頂点に立つことができるのです。

トップの指示でゼロイチを繰り返す

「言われたことを言われた通りにやる」について「言いなりになっているだけじゃないのか。そんな働き方はつまらない。もっと自分で考えて行動するべきだ」と思う人もいるかもしれません。

しかし、天才はものの見方がそもそも異なります。凡人では到底考えられないアイデアを次々に思いつくのです。ならば、自分が逆立ちをしたって出てこない斬新な発想を、絶対に実現したいと思いませんか。

「書店を作りたいから、物件探しからスタートしてほしい。立地は一等地、準一等地でやりたい」と言われたときも、最初は「えっ⁉　なぜ⁉」と思ってしまいました。

弊社の看板商品はサプリメントなので、普通に仕事をしていたら思いつきません。サプリメントと書店は、そうそう結びつくものではないでしょう。

加えて、書店業界は「斜陽」と言われ、大型書店でさえも閉店に追い込まれるニュースが飛び交う時代。収益化はまず難しいと考えるのが一般的でしょう。また、一等地ともなると家賃だけでも年間数千万円、トータルコストで考えると億を超える話になります。

しかし、その後に話を聞いていくと、徐々に真意が見えてきました。

私たちの会社が目指しているところは「若々しく健康的な生活を提供する」というものです。その生活のためには、目に疲労感がないこと、健康な視界を保ち続けることが非常に重要だと考えています。

ここに創業者自身の経験による「目が見えないことの不利、不便、悩みを解決したい。同じように苦しむ人々の助けになりたい」という想いが重なり、目のサプリメントを開発したことが、創業のきっかけとなりました。

メイン商品のサプリメントがロングセラーとなっているので、よく「目のサプリメントの会社」と思われがちですが、本来はサプリメントに限らず「若々しく健康的な生活を提供したい」と考えているのです。

では、「若々しく健康的な生活」が送れている状態とはどういうことなのか。それは「心が豊かで、体が健康である状態」でしょう。

心が豊かな人は、本を読むのが好きな人がほとんどです。連想ゲームのようですが、そういった諸々の要素が絡み合い、社長は「若々しく健康的な生活を支えるために、書店を作る」という考えに至ったのだと、私は解釈しています。

だから私は「書店を作るために一等地、準一等地を探してほしい」という要望に対して「言われたことを言われた通りにやる」を凡人なりに実行しました。

開始からしばらく、書店単体では「ビジネス的に成功している」と言われるような状況にはならず、社内からも「固定費ばかりがかかっている」という声が上がりました。また、社外からは「書店は成功しないからおすすめしませんよ」と度々言われました。しかし、天才が〝その先〟を見ていると信じていた私は、各所の調整、説得、対応を続けていきました。

そして、そのような意見が吹き飛ぶときが訪れます。

ある日、世界的スターであるジャスティン・ビーバーが書店を訪れて買い物をし、弊社のマスコットキャラクター・ブルブルくんとの2ショット写真を「Thank you japan love you」という一言と共にＩｎｓｔａｇｒａｍに投稿してくれたのです。ジャスティン・ビーバーのＩｎｓｔａｇｒａｍフォロワー数は2・9億人（２０２４年4月現在）。言わずもがな、全世界、老若男女問わずファンがいます。

一夜で、私たちの会社が世界に知られることとなりました。

その後、テレビや新聞、ウェブメディアなどから取材が殺到しました。結果、それまでリーチができていなかった客層が次々に商品を購入し、それがまたSNSで拡散され……と、大きなプラスをもたらしたことは、言うまでもありません。

いわゆる「ネット上でバズる」ことは、望んでもなかなか達成できない会社が多くあります。それを、たった一年ほどで、しかも普通なら思いつかないようなやり方で、周囲の反対や揶揄《やゆ》も乗り越え、実現させたのです。

まさか自分がそのような事にかかわれるなんて思ってもみなかったので、胸が震えました。

これは、直近の一例に過ぎません。このようなプロジェクトが、常に複数走っているのです。

胸が躍りませんか?

もっと先を見たくなりませんか?

もっと多くのことをやってみたくなりませんか?

思ってもみなかったことが起こる。凡人の自分だけではたどり着くことができない世界に行ける。

これが、天才と働く世界です。

たしかに、何もない「ゼロ」から「イチ」を生み出すのは大変です。時間も労力もかかりますし、なかなかスムーズに進まずに壁にぶち当たることも一度や二度ではありません。

しかし、そのぶん達成できたときの喜びもひとしおです。これは、天才と働いていなければ、天才の指示に従っていなければ、見えなかった景色です。

私はこれを「言いなりになっている」などとはまったく思っていません。そもそも、トップの指示で言われた通りに動くとはいえ、その過程では「この指示通りに実行に移すなら、このスケジュールで動いたほうがいい」とか「それならあの人にノウハウを聞きに行けば答えが見つかるかも」と、自分で意思決定をする場面も往々にしてあります。

「言われたことを言われた通りにやる」

この言葉の意味を深く理解し、納得して実践できたとき、天才と働く楽しさは格段に上がっていくはずです。そして、天才と働く楽しさを実感できたとき、あなたの凡人力もアップしていることでしょう。

凡人力を鍛え続ける

私は、もう50歳を過ぎています。

同世代の人たちの中には「もう仕事でやるべきことはやった」「セカンドキャリアを考えている」などと言っている人もいます。ですが私は、いまだにビジネスマンとして挑戦できる環境に恵まれ、成長できている実感があります。

前職では部下の教育を担当していたこともあり、現在の会社に入社が決まったときには「ここでも従業員教育に関する仕事を任されるのではないか」と、勝手に考えていました。

ところが、入社後の仕事はまったく違うものでした。違うと言うよりは「それ以外のことも頼られる」と言ったほうが正しいかもしれません。

契約交渉や法務業務のほか、全国の医療機関への営業開拓、M&A、店舗開発、新規取引先の調査・開拓、出版……挙げればきりがないほど、まだまだあります。

一般的な考えであれば「法務は法律の勉強をして、長年法務部門にいる人がやる」といったような〝過去にやってきたことの延長〟の仕事をすることが普通で、キャリアを重ねれば重ねるほどそれがしがらみとなり、新しいことへの挑戦はできなくなっていくでしょう。

もちろん、「一つのことをやり続ける」ことを否定するわけではありません。そのような人たちは〝職人技〟を身につけ、職場になくてはならない存在になっているのも、また事実です。

しかし、金融業界にいた20年間と、天才と出逢ってからの10数年では、間違いなく、後者のほうが毎日ワクワクしているのです。


それはなぜか。天才の閃《ひらめ》きを受け、チャンスをいただき、未経験のことでも調べ、挑戦するという回数が非常に多いからでしょう。自分の専門を離れた領域に触れると、まったく違う業界に足を踏み入れることができます。そして、多くの人と出逢い、話し、真剣に意見を交換し、何かを生み出していくと、また新たな景色が見える。このプロセスが、何よりも刺激的なのです。


自分起点では思いもつかない、ましてや「やろう」とは思わないようなことを、天才から「やってみてほしい」と頼られる。

普通に働いていたら、平々凡々と生きていたら、こんな経験はできないでしょう。

「一カ月前の自分とは違う自分に出逢える」。これぞ、凡人力を極めて天才と共に歩むということです。

天才との出逢いが、人生の在り方を変える

このように、天才と共に仕事をする日々は、常に刺激と発見に溢れています。

前職での私は、同世代の大卒エリートたちに負けたくない一心で日々仕事に打ち込んでいました。30代までに年収を1000万円にすることを目標に、ただひたすらに目の前の仕事をこなすのに必死でした。

当時は上昇志向が強く、とにかく上に昇り詰めることに全神経を集中させていました。

しかし、今はそのような欲や考えはまったくありません。これは、別に年を取ったから丸くなった、というわけではありません。

天才のようにはなれない自分を真正面から受け止め、「天才が見ている世界を共に実現したい」「天才がやりたいことをスムーズにできる環境を作るため、自分にできることは何か」と、考えるようになったからです。

天才は、想像しているよりもずっと忙しい人です。

自分では「いや、土日は暇だよ」「会社では何もしてないよ」と言う人も多いでしょう。しかし、近くで見ていると「誰よりもよく考えて動いている」「365日24時間、時間を選ばず働いている」と、感じることばかりです。

何より天才は、休日の体験――流れてくるテレビや自分には関係のなさそうな流行など――すべての情報を「息をするように自然に」事業につなげて考えています。「事業」というより「やりたいこと」と言ったほうがイメージしやすいかもしれません。そして、それが実現した結果、多くの人を笑顔にしているのです。

このように、誰もがあっと驚くようなアイデアが生まれる瞬間に少しでも立ち会いたい。天才が思い描く景色を見たい。私が天才の伴走者として働く理由は、そこに尽きます。

何より、夢を常に追いかけている天才は、非常に魅力的です。なぜなら、天才の夢はいつまで経っても完成しないからです。一つの夢が叶ったらまた次の夢、そのまた次……と、ずっと未来を描いています。

自分の年収だけを目標に仕事に励んできた私にとって、その姿は目が眩むほどに美しく、同時に「自分はこの人のような社長にはなれない」と確信したものです。

そうしているうちに、自然と出世欲はなくなりました。

また、絶対的に自分が敵わない天才に出逢ったことで「感謝をする気持ち」も生まれました。それまで自分は、給与をもらうのは働いたことへの対価だから当たり前だとさえ思っていました。

ところが、今は年末などの節目を迎えるたびに「今年も元気に過ごせたのは、社長のおかげだよ」と家族に伝えるようになったのです。そうすることで、家族もますます自分の会社や仕事を応援してくれるようになりました。

自分でも驚くほどの変化ですが、それだけ天才の影響が大きいということ。きっと、私のほかにも同じように意識が変わった社員がいるのではないかと思います。

添い遂げたいと思える天才を探せ

ありがたいことに、私は「天才」と出逢い、生き方や仕事に対する考え方ががらりと変わりました。

しかし、誰もが「この人こそは」と思える天才に出逢えるわけではありません。どんなに周りから「天才」と呼ばれる人と出逢っても、あなたと相性や感性が合わなければ「この人が見ている景色を見たい」とは思えないでしょう。

では、どうすれば添い遂げたいと思える天才に出逢えるのか。その正解は私にもわかりません。私自身が「天才に出逢いたい」と思って転職をしたわけではなく、たまたま出逢った人が「天才」だったというだけなのです。あなたも「天才に出逢えている人」であれば、わかっていただけるのではないでしょうか。

ただ、一つ言えるとするなら「この人はすごい」と思える人に出逢えたときは、まず言われたことを言われた通りにやってみてください。そして、その人を信じ、何があってもついていく覚悟を持つのです。

それまで自分の常識の世界にいなかった人物が目の前に現れると、あっという間に世界が塗り替えられます。

そして「自分が見えない世界を、この人なら見せてくれるかもしれない」と直感します。

この衝撃を味わっていないとしたら、それはまだ、あなたが天才と出逢えていないということです。

どうか、アンテナを敏感に張り巡らせて、あなたの人生に大きな影響を与える天才を探し出してください。

そこからあなたの〝超一流の凡人〟としての人生が始まります。

凡人力①

言われたことを、言われた通りに実行する。

「要望以上のことをして褒められよう」とか「言われたままやったから自分は関係ない」といった考え方は言語道断。天才がなぜそんな指示をしたのか、そこにはどんな考えがあるのかを自分の中でよく噛み砕いたうえで「言われたことを、言われた通りに実行する」ことが、超一流の凡人に欠かせないスキルです。

凡人力②

チャンスには、未経験でも挑戦する。

専門外の分野を学んだり未経験の場所に飛び込んだりすることは、年齢を重ねれば重ねるほど億劫に感じるかもしれません。しかし、成長のチャンスがそこにあるなら、みすみす逃すなんてもったいない。いくつになっても自分をアップデートできる環境で働けることに幸せを感じ、挑戦し続けましょう。

凡人力③

天才の夢をスムーズに実現できる環境作りに徹する。

「天才に頼られたい」と思っているなら、天才が抱えている夢を実現するために、自分には何ができるかを一心に考え続けてください。そして、行動してください。自分の欲は捨て去り、ただただ、そのことだけに集中するのです。天才の夢を実現することが、自分の夢。そう思えたら、立派な超一流の凡人です。

2章

天才の生態

論理よりも感性

天才は先述したように、基本的に「即断即決」で物事を決めていきます。
それができるのは感性で動いているからだと私は分析しています。

ビジネスシーンでは、何かアクションを起こす際に周囲の納得が得られるように論理的に語ることを評価される傾向にあります。

会議の場で「理由はないけど、絶対にこっちの案がいいと思います」と言われるより「過去5年のデータを解析したところ、このような結果になったためです」と言われたほうが、判断がしやすいので無理もないでしょう。

しかし、天才は「自分がいいと思うかどうか」で動きます。だからこそ即断即決ができるのです。感性とは、感覚的・直感的に物事を感じ取り、自分の内側から出てくるアイデアのこと。

しかし、これを「なんとなくの直感、思いつき」と捉えてしまうのは避けたいところです。

本書で〝天才〟と表現をしているのは、決して自由に思いつきで動いている人ではありません。しっかりと実績を残している人を指しています。そしてそんな天才たちは、根本的に自らの内側から「やりたいこと」が湧き出ているように見受けられます。多くの人が「論理的に考えないと」と、周辺情報にとらわれている間も、元々の「やりたいこと」がはっきりしているので、常に本質が見えているのです。

そして、そこに至るまでには私たちの見えないところで、目にも留まらぬ速さで、思考を繰り返しているはずです。

周りには「思いつきですぐ決める」というように映ることがありますが、それは一部分しか見ていない、いわばただの凡人の意見。

目に見える天才の言動の背景には、その何十倍、何百倍もの思考が常に動いていて、それが感性を養うことにつながっているのだと思います。

超一流の凡人を目指すのなら、まずは天才が「やりたい」と言ったことに対し「きっと、この先に何かが見えているに違いない」と信じ、ぜひ最後までやりとげてみてください。振り返ると「こんな山を登ってきたのか」と感動できる瞬間が、必ず訪れます。

少し余談になりますが、成熟市場と言われている家電業界において目覚ましい成長を遂げた「バルミューダ」は、市場調査をしないことをモットーにしているそうです。通常、商品開発をする際には入念に市場を分析した上でヒットしそうな製品を予測します。

ところが、バルミューダは「自分たちが世に出したいもの」を中心に考えているといいます。

まさに、論理よりも感性で動いて結果を出している良い例だと思います。

そもそも、人間は理性よりも感情で動く生きものです。「論理的に考えなければ」と思えば思うほど、つまらない慣例をなぞる、通り一遍のアイデアしか出てきません。これでは凡人の思考を抜け出せないまま。天才は、感性で動く。常識はさておき、自分がやりたいことに真剣に取り組むのです。

その姿は、まさにアーティストのようでもあります。

圧倒的な好奇心

私はあるときから「役職も何もいりません。私は社長〝付《ヅケ》〟ですから」と、可能な限り社長の近くにいるようになりました。天才がどんな情報に触れ、どんなことを考え、どう解釈し、未来を描くのか。それを深く知りたいと思ったからです。

天才は常にインプットをしています。

例えば、「ニュース番組は毎日録画をして倍速で見ている」とさらりと話し「ＹｏｕＴｕｂｅにハマっていて、新幹線の移動中はよく観ている」といろいろな人に楽しそうに伝えます。

さらに「最近、縦読みのスマホ用マンガが伸びているらしいね」など、普段の会話の中で頻繁にトレンドに注目した発言が出てきます。

また、気になった本があればすぐにメモを取り、秘書に「この本を買っておいてほしい」と頼んでいる姿もよく見ます。何にでも好奇心を持って先入観なく飛び込めるところは、天才性を感じさせる一つの側面です。

メモを取るのは本についてだけではありません。寝ていても、新幹線の中でも、音楽を聴いているときでも、どんなときでもアイデアが浮かんだら、LINEにメモを残しています。

そして、関連する情報がないかを調べてつながりを見つけたら、すぐに社内で共有してくれます。実際にそれがベースとなって動き出したプロジェクトがいくつもあります。

政治経済のニュースはもちろん、ドラマやアニメなどのエンタメ情報にも詳しく、世の中のトレンドを敏感にキャッチしているのも天才の特徴です。

どんなときでも知的好奇心を満たすために貪欲な姿勢には、本当に驚かされます。きっと、社内の誰よりも世の中のトレンドに触れているのではないかとさえ思います。

しかし、天才本人は「勉強をしている」とはまったく思っていません。

これらすべては、日常の一コマにしか過ぎず、特別なことをしている感覚が本人にはまるでないのです。だから「寝る間を惜しんで勉強をしている」なんて気持ちは一ミリもありません。

ただ、自分が気になること・やりたいことを貪欲に楽しんでいるだけなのだと思います。きっと「勉強家ですね」なんて声をかけたら、きょとんとされるでしょう。

それは、天才の多くが根っからの「マーケター体質」だからなのかもしれません。

角谷も「自分は社長業よりもマーケティングが好きなんだ」とよく言っています。

つまり、読書もニュースもエンタメも、すべては勉強ではなく、アイデアの源泉として楽しんで体に吸収しているのです。

以前、角谷のポケットからＤｉｏｒのリップが出てきたことがありました。今や男性もメイクをする時代ではあるものの、本人はメイクに興味はありません。一体なぜだろうと思っていると「若い子に人気と聞くから、どんなものか知りたくて買ってみたんだ」と言うのです。

私は思わず感嘆の声を上げてしまいました。

たしかに、Ｄｉｏｒはかつて富裕層の間で人気のハイブランドでした。しかし、ここ数年で一気に20代前半の女性客から圧倒的な支持を得ています。

おそらくその理由を知りたくて、ただ調べるだけではなく自らも体験してみようと思ったのでしょう。

多くの人はそこまで行動できないのではないでしょうか。「おじさんがＤｉｏｒを買いに行くなんて……」と、無駄な羞恥心が邪魔をして、気にはなっても行動にはなかなか移せない。でも、天才はそれができる。

何よりも自分の知識欲を満たしたいからです。

このように、天才は発想力と行動力が違います。私たちはまずその「行動」を見て驚き、その後「なんでそんなことをしたのか？」と聞いて出てくる答えの「発想」に、さらに驚くのです。

それを「突拍子もないアイデアが出てくるなあ。すごいなあ」という浅い理解に留めるのではなく「なぜこんなことを思いつくのだろう。それは何につながっているんだろう」と考え、自分に問い続けてみてください。

そうすると、天才が見ている世界の輪郭が少しずつはっきりしてくるはずです。

スピードが命

思い立ったら、即行動。

何度も会議を重ねて走り出しが遅れるくらいなら、完成形でなくともまずは迅速な第一歩を踏み出すことをモットーにする。これも天才ならではです。

とにかく「できることから始めたらいいじゃないか」と考えている。だから、時間のロスがありません。

「計画的に進めないと失敗したときにどうするのか」という声が聞こえてきそうですが、即断即決の天才は「失敗しそうだから今回は撤退しよう」と決めるのも、非常にスピーディーです。

そのため、重症になる前にリカバリーができるので大きな事故につながることはゼロに近い。

もし何らかのアクシデントが起きたときに「撤退するか、このまま進めるか」を会議で決めていたら、その間に事態はさらに悪い方向に行ってしまうかもしれないでしょうから、天才のスピード感が、いかに重要かがわかります。

なぜそこまでスピードを意識するのかと言えば、「機会損失」を何より恐れているからです。「何かをしたい」と思ったその瞬間に動かなければ、チャンスを逃すということを、肌で知っているからです。

2023年9月、世界的に有名な歌手ジャスティン・ビーバーが、弊社の公式キャラクターのぬいぐるみを購入してくださったことをきっかけに、「わかさ生活」は大きな注目を集めました。

特に、ありがたくもそれまで購買層ではなかった若い世代にも存在を知っていただけるようになりました。この機会を逃すわけにはいきません。

その出来事から間もなく、東京の表参道に、ブルブルくんグッズがメインのポップアップストアを開くことを決めました。

場所は駅のすぐ近くで、なかなかの賃料です。しかし、天才には目先の金額ではなく、さらにその先の、ポップアップストアによって広がる可能性が見えていたのでしょう。交渉の末、12月の一カ月限定で場所を貸してもらえることになりました。

この話を聞いたとき、私は心から「これぞ天才の発想だ」と感銘を受けたものです。12月といえばクリスマスシーズンで、いつもよりもさらに表参道が賑わう時期。こんなに良い条件に恵まれたのも、スピーディーな判断があったからに違いありません。

こうして、9月にわかさ生活が話題になってから約三カ月後の12月15日、ポップアップストアがオープンしたのです。

単に弊社製品を販売するのではなく、キャラクターグッズを始め、クレーンゲームやカプセルトイを設置して、子どもから大人まで幅広い年齢の方が楽しめる空間には、期待通り「初めてわかさ生活を知った」という方がたくさん訪れてくれました。「ジャスティン・ビーバーとおそろいのぬいぐるみ」として、SNSに写真をアップしてくれる人も多数見られました。

もしここで「賃料をもっと安くする交渉をしましょう」とか「表参道以外にもあたってみましょう」「前期の売上に対してここに予算を投じるのはちょっと冒険しすぎでは……」なんて会議に会議を重ねていたら、この効果は得られなかったはずです。

すると、ポップアップストアをオープンさせるという経験はおろか、今後得られたはずの知名度や利益も手に入れられなかったかもしれません。

お金や名誉は挽回できる機会があっても、時間だけは何をどうやったって取り戻せません。

「やらなければならない」と思った瞬間に行動に移さなければ、大きなデメリットにつながることを、天才は肌で感じているのです。誰しもに与えられた平等な「時間」を、上手に使えるか否か。これも、天才と凡人を分けるものだと思います。

常識や既成概念に縛られない

常識を疑う。

この思考は、天才に共通するものではないかと思います。

弊社で開発したプロテインを社員に知ってもらうために何ができるかと話し合っていたときのこと。一人の幹部社員は「プロテインの効果や効能について、勉強会を開くのはどうか」と提案しました。

すると、角谷は「もっと面白い取り組みがあるはずだよ」と言います。

しかし幹部社員は「面白い取り組み……」と頭を抱えたきり、良い提案が浮かびません。そんな様子を見て、角谷はニコニコと楽しそうに笑いながら、

「例えば、プロテインを使ってホットケーキを作る大会を全社員でやってみるのはどうだろう。商品を実際に試してみて体験しないことには、良さはわからないはずだから」

と、言ったのです。

恥ずかしながら、私も「勉強会」くらいしか思いつきませんでした。商品を知ってもらうには学んでもらうことが第一だという常識が、頭の中から消えていなかったのです。

また、日本人は空気を読むのが上手だと言われますが、それゆえに大勢の意見に流されがちです。

本当にそうなのか？　別の見方はないのか？

そんな視点を持って常に物事に向き合えるのも、天才ならではの生き方。だからこ

そ、常識を超えた発想が出てくるのでしょう。

また、この発想に驚いたもう一つの理由に、自然と全社員を楽しいことに巻き込み、自分事として受け止められるようにしている点があります。

「新商品について勉強会をやるから全員参加してください」と言われたところで、喜ぶ社員はごくわずかでしょう。

いえ、ゼロと言ってもいいかもしれません。強制参加をしなければいけないような雰囲気が出ているだけで、気乗りしなくなる人もいるはずです。

しかし「新商品を使ったホットケーキ大会を開催します」と言われたらどうでしょうか。

「なんだそれ？　面白そう」「料理は得意だから腕の見せ所だ！」など、途端にワクワクし、どんなホットケーキを作ったら良いのかを考えるために、おのずと新商品のことを知ろうとするのではないでしょうか。

このように、常識にとらわれないアイデアをいくつも生み出しながら、ごく自然に周りを巻き込めるのも、天才ならではだと私は考えています。

こうした提案を「突拍子もない」とか「ユニーク」などと表現する人もいますが、天才は、自分の中でのごく当たり前を貫いているだけ。常に考え続けているだけなのです。

だから、常識も流行のように驚くべき速さで入れ替わります。天才に伴走する凡人になるためには、常識にとらわれている暇なんてないのです。

人の「本質」を見抜く

面接時、私は志望動機や経歴についてさほど聞かれませんでした。それどころか、履歴書に目を通している様子すらなかったように思います。

後でわかったことですが、それは私だったからというわけではなく、誰に対しても同じようにしていました。

履歴書を渡されてもすぐに横に避け、相手との対話を楽しみます。何も知らない人からしたら履歴書を見てもらえない＝興味を持ってもらえないと受け取ってしまうかもしれませんが、天才は対話によって、その人の本質を見抜こうとしています。

だから、どれだけ履歴書に志望動機や特技などが書かれていても、関係がないのです。


それがどんな技なのか、私はいまだに言語化ができずにいるのですが、例えば会話の中で何度も使っている言葉や、目の動きなどをじっくりと観察している姿をよく見ます。すると「この人は、大丈夫ですと言っているときほど不安そうだ」とか「『でも』という言葉をたくさん使っているから、自分の判断に自信がないんだろう」といったことが、次第に読み取れるようになるのでしょう。

そして、それなら……と、その人に合った仕事に挑戦させてみる。こうして、弊社の社員たちはチャレンジの機会に恵まれ、日々さまざまな業務にあたっています。

なかには「まさか自分がこんな仕事をしているなんて」と言う人もいるでしょうが、それが、驚くほどに適材適所なのです。

振り返ると、私は面接時にこのようなことを言われました。

「君を採用するかどうかは僕が決めることではないんだけど、もし採用されたら秘書なんか向いているかもね。縁があったら、よろしくね」

秘書なんて、自分の人生とは無関係の仕事だと思っていたので、ポカンとしてしまったことを覚えています。

結局、最初はマーケティング部のマネージャーとして採用されたわけですが、それからすぐに角谷にくっついて回るようになり、今に至ります。

なぜあのとき私に「秘書に向いている」と言ったのか、実はまだ聞いたことがありません。でも、私の何らかのクセを見抜いて、そう言ってくれたのは確かです。

履歴書に書いてある通りの人なんてほとんどいないことを、天才は知っているのです。

理想を追求し続ける

1961年、兵庫県の丹波に生まれた角谷は、9歳の頃の事故が原因で脳の大手術を受け、命が助かったのと引き換えに視野を半分失いました。

その後もさまざまな試練が立ちはだかりましたが、「自分のように健康に悩みを持つ人々のための役に立ちたい」と、健康産業界に従事し、21歳で起業。１９９８年に「わかさ生活」を設立するに至ります。現在もその想いは変わっていません。


これはあくまでも私の感覚ですが、天才の「天才ぶり」とは生まれ持ってのものが大きく、凡人の私が今からどんなに努力をしたからといって、どうにかなるものではないと感じています。

どこまでも自由な発想で、世間一般の常識にとらわれないアプローチがたくさん生み出せるのは、やはり天性の才能。

どれだけ否定をされても、失敗をしても「世のため」「人のため」を貫く、まっすぐな心は天才の感性そのものだとも思うのです。

仮に凡人である私が天才と同じ立場になったとして、ここまで愚直に、真摯に、一つの思いを貫いて生きられたでしょうか。

だからこそ、私は惹かれるのです。天才が思い描く「理想」の世界を共に追求していくために、凡人として一流になることを決めたのです。

この話をすると「社長は自己を犠牲にしても他人の利益のために生きる方ですね」と言われることがありますが、私は、その表現は少し違うと考えています。

弊社はお客さま向けにチラシやハガキを打ち出す機会が多いのですが、その量は膨大で、印刷にかかるコストもかなりのものです。テレビＣＭ一本の制作費に数千万円をかけていたこともあります。

そこで、約7割のコスト削減を提案したときのこと。会社の利益を上げる貢献ができたと内心喜んでいると、社長からは「目先のお金にとらわれて削減するのは良くない。まずはしっかりとビジネスを成立させて、対等な関係になろう。最初から値下げをしていたら、パートナーとの良い関係は築けないよ」と諭されてしまったのです。

この言葉だけを切り取ると、自己を犠牲にしてまで他者の利益を考えているようにも思えるかもしれません。事実、角谷は常に相手の幸せを考える人です。

しかし、それには続きがあり「相手の幸せを考えると、やがて自分にもっと大きな幸せが返ってくる」と、長年の経験で感じているからなのです。

一人で利益を掴んで幸せになるのではなく、多くの人が幸せになれる方法を常に模索する。それは、ひいては自分も幸せになるから。

「いいことをしたい」と最初から思っているわけではなく、あらゆる行動にはもっと深い意味があり、自分の理想を突き詰めた先に、結果として「他人の利益」があるというだけのこと。

一人でも多くのお客さまを健康にしたいと願ったり、取引先と対等な関係を築いたりすることは、もはや「当たり前」にしかすぎないのだと思います。

天才とは、自分のやりたい道をただ一心に突き進む人のことを言うのです。

凡人力④

天才の「やりたい」を共に最後までやりとげる。

天才は、人の何十倍も何百倍も思考を巡らせています。しかし、その姿は周りからはわからないがゆえ、天才の発言を「突拍子もない」と言う人がいます。超一流の凡人は違います。「この発言の裏にはどんな真意があるのだろう」と考え、そして、天才が描く未来を信じて、最後まで伴走し続けるのです。

凡人力⑤

天才の行動や発想に「なぜ」を問い続ける。

天才と凡人は違う生きものです。でも、だからと言って「理解できない」とあきらめるのは違います。なぜそんな行動をとるのだろう、なぜそんな発想に行き着くのだろう、なぜ……と、天才の思考回路を自問自答し続けてください。それを繰り返した凡人だけが、「一流」に昇り詰めることができます。

凡人力⑥

常識にとらわれない。

「世間一般的には……」「常識的に考えたら……」こんな枕詞をつけた会話をしているようでは、ただの凡人の域を出ません。天才は常に物事を違う視点から見ようとしています。だからこそ、誰もが驚くような発想が生まれるのです。その隣で伴走し続けたいならば、あなたの中の常識は捨て去りましょう。

3章

超一流の凡人になるための基本ルール

天才と出逢うまでの常識は捨て去る

よく「常識的に考えたら、そのやり方はナシですね」とか「それはさすがに常識外れなんじゃないですか」といった言葉を聞きますが、果たしてそのうちの何人が、常識とは何なのかを考えたことがあるのでしょうか。

「自分の中の常識」を、知らず知らずのうちに「大衆の常識」と勘違いしてはいないでしょうか。

入社して間もない頃に、社長からとある商品の販売戦略についてレポート作成を依頼されたことがありました。

私はすぐに行動に移し、レポートを自分の直属の上司に提出しました。前職ではそれが「常識」だったからです。

社長がオフィスに来ることなんてほとんどなかったような職場だったので、一社員、しかも入社したての社員の仕事に、会社のトップが直接かかわるなんて考えもしませんでした。

ところが数日後、報告書の進捗を聞かれます。私は当然のように、「それならすぐに作成し、上司の◯◯さんに確認しました」と答えました。

すると、「私が頼んだ仕事だから、私にボールを返してほしかった」と言われたのです。驚きました。前職では直属の上司に確認を取ることが通例だったからです。

しかし、ここは前の職場とは違う。アップデートしなければここで働く意味がありません。

そのことに気がついたとき、衝撃が走りました。

それまで私にとっての社長は雲の上のような存在だったので、「社長が一社員と一緒に仕事をするわけがない」と、勝手な私の常識・価値観で判断していました。

しかし「前はこうだったから」という天才と出逢うまでの常識なんて、天才の前では無意味。天才の常識に切り替えてこそ、天才の伴走者になることができるのです。

「会議への参加姿勢」に対する自分の常識も、大きく塗り替えられました。

それまでは会議で何か意見を求められても、主体的にしか考えられていませんでした。相手が何を求めているのか、この会議は何を決める場なのかを深く理解しようとせずに、自分の中にある常識から結論を出そうとしていたのです。

今となってはありえないと自分でも思うのですが、当時はそれが私の「常識」でした。わからないなら発言しなくてもいい。自分がかかわっていないことには関心を示さなくてもいい。そんな考え方だったのです。

しかし、今は違います。わからないならわからないなりに考えるのをやめません。するとフル回転の脳から何らかのアイデアが生まれます。

その些細なアイデアをたくさん集めてつなぎ合わせていけば、一つの大きなアイデアになることを、ここで学んだからです。

変なことを言うかもしれないとか、受け入れられないかもしれないとは考えない。「どんなことが実現したら面白いか」を考え続けたら、その先に光が見えてくるはずです。

そのためにも、今持っている凝り固まったあなたの常識は、すぐに捨て去りましょう。

向上心の有無は自分事化の分岐点

わからないならわからないなりに考えるのをやめないというのは、すなわち「自分の中に落とし込む」ということでもあります。

私がそれに気づいたきっかけが、わかさ生活に入社して二日目の頃でした。研修を受けていたときに「今から会議に同席してほしい」と言われました。

私の前職で培《つちか》った経験や知識を買ってくれたのか、秘書のようなことを望んでいたのか、そのときはわからなかったので、会議には同席するも、求められない限りは発言をしませんでした。

すると、その姿勢を問いかけられたのです。

思わず「まだ業務内容の右も左もわからない状態だし……」と言いそうになりましたが、ふと立ち止まって考えました。

右も左もわからないのは、私がまだ〝お客様気分〟でわかろうとしていないからではないか。まったく自分の仕事として受け止めていなかったから、発言できることがなかったのではないか——。

この瞬間、仕事を自分事化すれば一気に環境は変わっていくことに気づきました。

1章で「『言われたことを言われた通りにやる』ことと『言われたからやる』は、似て非なるもの」と書いた通り、言われたことを自分事化して自分の中に落とし込み「自分の仕事だから責任を持ってやる」ことが、天才に伴走する上では必要不可欠な才能です。

否、これはビジネスマンなら誰しもが大事にすべきことだと思います。「あくまでも頼まれた仕事だから全力は出さなくていい」とか「頼まれたことはもうやったから、あとは知らない」なんて仕事に線引きをしているようでは、個々の成長はいつまで経っても望めないでしょう。

ですから、私は絶対に「聞いていないからわかりません」とは言わないと決めています。「聞いていない」というのは単なる言い訳にしか過ぎず、また、暗に「他の社員が自分に伝達しなかったのが悪い」という言葉も隠れているような気がするからです。

自分が会議の内容を知らなかったとしたら、それは議事録に目を通していない自分の怠慢です。知らない単語が出てきたとしたら、常にアンテナを張っていない自分の努力不足です。

もしも状況がわからずにどうしても発言ができないときには「その件についてはまだ情報を取れていなかったので、後ほど確認して落とし込みます」と言うようにしています。

会社で起きる仕事のすべてを把握し、少しでも天才の負担を軽くすることも、伴走者としての手腕。ぜひ、どんな些細なことでも「自分事」として取り組むように意識してみましょう。

まずは「好きになる」意識が大切

「自分事化する」のは、伴走者ならずとも天才のもとで働く全社員において必要不可欠なスキルです。とはいえ、それがなかなかできない社員も少なくありません。「自分事化する」と言葉で書くのは簡単でも、具体的な方法はなかなか言語化しにくいもの。

「仕事を他責にしないで自責にすればいいんだよ」なんて言ったところで根性論とも受け止められかねないので、強制することもできません。

そもそも、仕事は強制してやらせることでもないのです。社員が「仕事が楽しい」「仕事が大好き」と思ってくれれば、おのずと自分事として業務に向き合えるようになると、私は信じています。

こう考えられるようになったのは、「仕事はゲームだ」と、入社以来よく言われてきたからです。

ゲームに夢中になっているときは、どんなにプレイ時間が長引いても疲れを感じることはほぼありません。それよりも「攻略方法を見つけてここだけでもクリアしたい」「早く続きをやりたい。待ちきれない」と、どんどん意欲的になっていくのではないでしょうか。

それなのに、こと仕事となると、売り上げがなかなか上がらないと「頑張っているのに結果が出ないなんて、もう嫌だ。働きたくない……」と思ってしまいます。

しかし、ゲームと同じで、仕事もすんなりとクリアできることはゼロに近いと言えます。何度も失敗を繰り返し、その積み重ねが成功を生む。そして、さらに次のステージへと進んでいくのです。

だから、「この仕事の攻略方法はどこにあるだろうか」「次はこっちのルートからやってみたらスムーズかもしれない」「新しいアイテムを試してみよう」と、楽しく働く方法を自分で考えてみる。

すると、むしろちょっとくらいハードルが高い仕事のほうが挑戦しがいが出てくるものです。

この考え方が全社員に浸透すれば、きっと会社には明るいオーラが満ち溢れるに違いありません。

すべての社員が仕事を楽しいと感じ、「自分事」として考えられるようになれば、きっと社員も会社も大きく成長するでしょう。

そのためにも私は「仕事を好きになる」大切さを社員たちに説いています。

また、会社では「仕事はゲームであり楽しいものなのだから、嫌なことはやらなくていい」とも頻繁に言っています。

私が社会に出始めたばかりの頃は「嫌なことでも我慢してこそ美しい」とか「苦労は買ってでもしたほうがいい」というような風潮があったので、初めて聞いたときには驚きました。

しかし、時代は今や「好きなことを仕事にする」が当たり前のようになっています。弊社には20〜30代の若手社員が多くを占めるので、時代に合った考え方で社員と付き合っていくことも大切だと、あらためて思わされる日々です。

また、現場で働く社員たちの意見や思考に寄り添って経営に活かせるのは、他の誰でもない天才の側で働く伴走者だと言えます。トップの天才的な思考を深く理解し、実行に移せる人もまた然りです。

つまり、天才の隣に常にいる伴走者には、トップと現場の距離を埋める役割もあるということ。トップの意思や進みたい方向、考えを現場に伝え、そのうえで皆が力を発揮するための仕組みや環境を整えていくことも、重要な仕事なのです。

「まずは好きになる」から、社員たちの意識を変えていく努力をしてみましょう。

凡人の気持ちにも寄り添いつつ、トップの思いも言語化できる。これぞ、超一流の凡人ではないでしょうか。

すべての指示には意味と意図がある

仕事においても「楽しい」を大切にするのは「豊かな心を持っていたい」という気持ちがベースにあるからだと思っています。

豊かさとは、決して金銭で計れるものではありません。富や名声を手に入れても、心が満たされずにずっとネガティブな感情を抱いて生きているようでは「豊かな心の持ち主」とは言えないでしょう。

ここでいう豊かさとは、好きな仕事を楽しくこなし、人に嘘をつかずに常にワクワクする気持ちを忘れないことだと、私は解釈しています。

この豊かな心があれば、どんなに絶望の淵に立たされたとしても前を向いて立ち上がれるのだということを、天才は自分の人生をもって体現しているのです。

天才のアドバイスにすべて従うと決めているのは、決して無理やりではなく、それが「豊かな心」からきていることを、私は知っているからです。

そして、自分も豊かな心を持っていれば、どんな指示でも「楽しそう」「やってみたい」と前向きに受け取ることができる。

さらに、そうして動いたことによって、誰かの喜びにつなげることができ、相手の心にも豊かさが生まれる。だから、天才と働くことは面白いのだと思います。

とは言っても、天才の考えをすべて理解することは、到底無理な話です。

恥ずかしながら、長年、側で働いていても、いまだにナゾナゾを出されている気分になることがよくあります。

「それはどういう意図で言っているんだろうか」「なぜ今その話題を出したんだろうか……」と、言葉や表情、置かれている状況などから、一体何にコミットしてほしいと思っているのかを、考えるのです。

もちろん、どうしてもわからないときには素直に聞くことも大切です。自信がないときには「こういう解釈でいいでしょうか」と、確認をしたっていい。

最もやってはならないのは「きっとこういう意味だろう」と、勝手な憶測で話を進めることです。「自分はすでに天才の思考回路をわかっている」と知ったつもりになると、間違った方向に進んでしまい、良くない結果を招きかねません。

特に、天才的な感性で会社を築き上げた創業社長というのは、感性のもとで発案するので、朝令暮改もとい方向転換は珍しくありません。

計画書にのっとって極めてロジカルに事業を進めるというよりは、ときにアメーバのように姿かたちを変え、その時々に合った対応が求められます。

だからこそ、「つまり、こういうことでいいでしょうか」という確認を逐一とることが重要なのです。

そして、その内容を社員に伝達するのも伴走者としての役割です。

このとき、天才の言葉をそのまま伝えるのは絶対に避けましょう。繰り返しになりますが、天才は24時間３６５日ずっと頭をフル回転させています。1分1秒さえ惜しいのですから、完全に信頼しきった社員には「きっと意図が伝わっているはずだから」と、非常に抽象的な指示を出すことがほとんどです。

こと天才においては、詳細が言語化される前に発言することも、よくあるパターン。それを、どんな意味と意図が込められているかを噛み砕いて現場におろさなければならないのです。

例えば、わかさ生活では社員同士の挨拶を「Ｈａｐｐｙ！」にしています。しかし、「今日から挨拶は皆『Ｈａｐｐｙ！』で統一してください」とだけ社員に伝えたところで、「え？　なんで？」となるのは目に浮かぶでしょう。

もちろん、天才の中にはしっかりした意図があります。

すべての言葉には「言霊」が宿っていると言われています。人が発した言葉は、その内容通りの状態を実現する力があると古くから信じられてきました。

受験生の前では「滑る」「落ちる」「つまづく」などは不合格を連想させる「忌み言葉」として、避けたほうが良いとされているのはご存知でしょう。これは言霊を信じている日本ならではの慣習です。

挨拶も同じです。

朝礼で開口一番に「今日はなんだか疲れた顔をしていますね」と言われたら、疲れているつもりはまったくなかったのに「そうなのかな？　たしかに昨日は夜遅くまで友人の愚痴を聞かされていたからかもしれない……」と、不思議と「疲れている自分」に持っていこうとしがちです。

それに「おはよう。あれ、なんか怒ってる？」と朝から声をかけられたら「そんなにひどい顔だったかな」と、ちょっとムッとしませんか。それだけ、言葉にはパワーがあるのです。あるいは「おはよう」と声をかけたのに、覇気のない返事だったら朝からお互い良い気持ちにはなれません。

そこで「疲れていない人もいるかもしれないのに、お疲れさまです、と皆一様に挨拶をするのもおかしい。どうせならプラスの言葉を使ったほうがいいはずだ」と、挨拶を「Ｈａｐｐｙ！」にしようという発想に行きついたのでした。

このように、明確な意図がわかれば、社員の誰もがその提案に納得するはずです。にもかかわらず「何のために」の目的がわからなければそれはただの「作業」になってしまい「言われたからとりあえずやる」「よくわからないけど社長命令だから従う」という空気になってしまいかねません。

これでは会社が活性化するどころか、どんどん空気が悪くなってしまうでしょう。

天才は、一つひとつ社員に細かく解説する時間がなかなか取れません。天才の代弁者となって意図を理解し、社員たちに伝えることが重要なのです。

だからこそ、意図がどうしてもわからないときには直接確認する義務があります。

「いちいち聞いたら怒られるかもしれない」という不安を抱えている人もいるかもしれませんが、何にコミットしたいのかを考えていれば、きっと天才もそれに応えてくれるはずです。

やらないという選択肢はない

天才からのアドバイスは、ときに実現が困難なケースもあります。

長く仕事をやっていると、私も「実現したらたしかに面白そうだな」と思うと同時に「すぐには難しいのではないか」「本当にうまくいくだろうか」と思うものが、どうしても一つや二つはあります。

しかし、だからといって「できません」「やりたくありません」とは、絶対に言わないと決めています。だって、やってみなければわからないからです。極端なことを言えば「できない」と言った時点で、伴走者としての素質がないに等しいと私は考えています。

想像してみてください。社長がどんなに天才的であっても、幹部社員が「社長はいつも無理難題ばかり言ってきて大変だ。現場のことを何もわかっていない。できっこないに決まっているだろう」なんて社員たちに漏らしていたら、会社の雰囲気はどうなるでしょうか。皆「本当にそうなんですよね！」と、悪いほうに同調してしまわないでしょうか。

特に、トップと現場の橋渡し的な存在であるはずの人がそんな否定的な考えを示していたら、実現できるはずのものすら、できなくなってしまう。そんな会社が成長を続けられるとは到底思えません。

大切なことなので何度でも声を大にして言いますが、天才の伴走者は、社長の夢を共に実現するために存在します。どんな難題であろうとも「理想を形にするための大切な過程なんだ」と思えば「やらない」という選択肢は生まれないはずです。

だとしたら、やるべきは「社長の言う通りに実行すれば、きっと私たちだけでは成し得ない面白い場所にたどりつけるはずだ。皆で頑張ろう」と、会社に一体感を高めることではないでしょうか。だから「無理です」なんて言えるわけがないのです。

また、社員にトップの考えを伝える際、絶対に気をつけてほしいことが一つあります。それは「社長がこう言っていたから、皆でなんとかしましょう」とは言わないことです。

この言葉は、捉えようによっては「社長のアドバイスだから、大変かもしれないけどやっていこう」と、ネガティブに聞こえてしまう可能性があります。

ベストなのは「社長が、こんな想いから新たな提案をしてくださった。きっと会社がまた一歩成長するチャンスになるに違いないから、皆で頑張っていこう」と、ポジティブな声掛けをすることです。

もはや説明は不要だとは思いますが、念のために言っておくと、単なる社長の気まぐれによってアドバイスを受けるという経験を、私はまだしたことがありません。そんな身勝手なことをするとも考えられません。

凡人には「また変なことを言っているな」と思うかもしれない発想やアドバイスでさえ、実はかなり広い視点で会社を見渡したときにベストだと判断しているのです。

超一流の凡人力を身につけるなら、ここまでしっかりと汲み取り、天才の指示に向き合いましょう。そして、それを現場レベルに落とし込めるように噛み砕きましょう。

伴走者としてすべきは「できるだろうか」「無理じゃないだろうか」と、やる前からまだ見ぬ未来を憂いてあれこれ頭を悩ませることではありません。それらがすべて「天才の夢を実現するため」に帰結しているかどうかを考えることです。

船に乗せてもらう感覚

「松浪さんにとっての社長はどんな存在ですか」と聞かれることがあります。そんなとき、私は「マンガの『ＯＮＥ　ＰＩＥＣＥ』に例えるなら、ルフィですね」と答えるようにしています。

主人公のモンキー・D・ルフィが率いる、通称「麦わらの一味」の冒険を描いた、言わずとしれたONE PIECEには、どの海賊団にも必ずと言っていいほど印象的な船長の伴走者の姿が描かれています。

ルフィの一番の伴走者は、ロロノア・ゾロです。ルフィは非常に自由奔放で良くも悪くも単純な性格のため、ときとして船員を困らせます。

しかし、ゾロはルフィを「船長」として心から信頼し、ルフィの「海賊王になる」という夢を叶えるために共に冒険を続けるのです。ゾロもまた「世界一の剣豪になる」という夢を持ってはいますが、ときとして自らを犠牲にしてでもルフィを助けるシーンがよく描かれています。

それはきっと、船長・ルフィの船に乗るからには、船長を絶対的な存在として大切にしているからでしょう。

こんなシーンがあります。

とあることがきっかけで、仲間の一人であるウソップとルフィが口論になり、決闘の末に負けたウソップが船を出ていってしまったときのこと。しかし、ルフィは仲間のことが大切で大好きだから、迎えに行こうとします。それを、ゾロは止めるのです。

「誰一人、こっちから迎えに行く事は、おれが許さん。間違ってもお前が下に出るんじゃねぇ、ルフィ。おれァあいつが頭下げて来るまで認めねェぞ!!（中略）いいかお前ら、こんなバカでも肩書きは〝船長〟だ。いざって時にコイツを立てられねェ様な奴は一味にゃいいねェ方がいい……!!　船長が〝威厳〟を失った一味は、必ず崩壊する！！！」（『ＯＮＥ ＰＩＥＣＥ第４３８号』より一部抜粋）

まさに、ゾロがルフィを船長として心から尊敬し、どんなときでも共に船に乗り、船長についていこうとしていることがよくわかるセリフです。

私もまた、「共に船に乗っている」感覚を常に忘れないようにしています。その船に乗れている自分を誇りに感じ、そして、自分だけではたどりつけなかった広い世界を見せてもらえることを、いつも楽しんでいます。

天才の船に乗っている以上、ワンマンプレーは許されません。どうすれば船長が目指す未来に向かって他の船員（社員）たちと共に航海できるのかを常に考えるからです。

そんな毎日は、実に刺激に満ちています。気恥ずかしさもなく、この年で「冒険をしている」なんて言えるのは、凡人力を極める決心がついたのは、きっと天才の船に乗れたからでしょう。

凡人力⑦

トップと現場の距離を埋める。

日々忙しくしている天才は、事細かに現場にアドバイスを出すことができません。ゆえに、社員の中には「なぜ突然そんなアドバイスが？」と戸惑ってしまう人も。そんな心の距離を埋めるためにも、凡人力が必要です。

ときに天才の代弁者となり、ときに現場の声に耳を傾け、社内のバランスを保ちましょう。

凡人力⑧

自分の中に落とし込む。

天才の代弁者になるためには、天才の思考を自分の中に落とし込み「何のためにやるのか」「なぜそれが大切なのか」など、天才の意図を明確に伝えられなければいけません。あなたが理解できていないものは、社員も理解できません。どうしてもわからないときには、正直に天才に尋ねる姿勢も大切です。

凡人力⑨

できないとは言わない。

天才が描く夢の中には、ときには実現困難なものもあるかもしれません。しかし、行動に移す前から自分だけの判断で「できるわけがない」と決めつけるのは、一流の凡人失格。やってもいないのにあれこれ悩むのではなく、どうすれば実現できるかをポジティブに考え、力を尽くしましょう。

4章

天才ならではのアイデアを凡人力で成功に導く

〝飛躍した発想〟はどこから生まれてくるのか

天才のひらめきの源泉がどこにあるのか、凡人力を身につけた私でも、なかなか理解できません。どのように思考を巡らせているのかを理解するために努力はするものの、きっと答えは永遠に見つけられないのではないかと思います。だからこそ共に働くのが楽しく、伴走者としてのやりがいがあるのです。

ただ一つ言えるとしたら、天才は常に「儲け」よりも「楽しさ」を優先しているということです。

凡人は、口では「お客さまのためだ」「お客さま第一主義だ」と言っても、どうしたって経営＝売上にとらわれてしまい、数字のことばかりを気にしてしまいます。

ゆえに、何か新しい企画を考えようと思っても「商品を売ること」が目的の、平凡なアイデアしか思いつかないのです。

もちろん、会社ですから「儲ける」ことは大切です。しかし、儲けを第一に考えないのが天才の発想の特徴だと言えます。

例えば弊社では、仕事の本質は「儲けること」ではなく「ファンを増やすこと」だと表現しています。お客さまは「儲けるための相手」ではなく「会社のファン」「スタッフのファン」「商品のファン」。

だから、会社の売り上げが伸びたらそれをお客さま＝ファンに還元するために書店を出したり新商品を考えたりと、新しいことにどんどんチャレンジするのです。

こうして生まれる天才の飛躍的な発想を、いかに会社として成功させるかの道筋を作ることも、伴走者の役割だと思っています。

誰もやっていないからやる

天才は、新しいことが大好きです。

まだ誰もやっていない・誰も知らないことにこそ興味を持ち、キラキラとした目で取り組もうとします。

新商品のプロテインを社員に知ってもらうための方法に「勉強会を開く」という普通の提案をした幹部や、利益を投資に回すという提案をした私に、難色を示したくらいです。

そんな、誰もが思いつくようなよくある企画を実行したところで「何が楽しいんだ?」と、純粋に疑問を感じずにはいられないのだと思います。それだけ、未知の出来事を楽しんでいる証拠でもあります。

わかさ生活の本社はフロアを全改装中で、現在「5階は目のことにまつわるフロアにしよう」という話が出ています。

さあ、あなたならどんな提案をするでしょうか。

目に関する本を展示する。目の健康にまつわるグッズの体験施設にする。ブルブルくんランドをつくる。——悪くはないですが、どれもよくありがちな提案に思えます。

私は本社を「目の総本山」にするために「メノコト神社」として、企業神社を置いてはどうかと考えました。目に関する神社は長野県や神奈川県など、各地に多数点在しています。

しかし、会社の中に目のご利益スポットがある企業なんていまだかつて聞いたことがありません。まさに、誰もやっていないことです。かねてから、眼病を患っているサプリメントの愛飲者の方々が弊社を訪れる姿をよく見ていたので、絶対に喜ばれるはずだと思ったのです。

このアイデアを話すと、社長はすぐに「私たちとご縁がある八坂神社に相談してみよう」と言いました。「そんなことできるの？」とは言わず、共に楽しんでくれたのです。話は驚くほどスムーズに進み、神社からは「お祓いした御札と社を奉納するので、ぜひ設置されてください」と許可をいただけました。

現在はオリジナルの御朱印帳のほか、福島県の伝統工芸品・白河だるまの製造元ご協力のもと、ブルブルくんだるまも製作中です。

これらは会議の場で決まったものではなく、社長との何気ない日常会話が起点になっています。

天才の「誰もやっていないからこそやる」という発想の源に日々触れていたからこ

そアイデアが生まれ、そして、天才によってさらに挑戦しがいのある仕事に昇華できたのだと思っています。

「自分は凡人だから、天才のような提案はできない」とあきらめずに、天才の背中を追いかけ続けることで、どんな未来も描けるようになるのです。

思考の広さ、深さと未来を見通す視点から生まれる

「誰もやっていないこと」と言えば、弊社では2023年からフリーランスの方々に業務委託で仕事を依頼する自社サイト「WAKASAPort」の運営を始めました。

現在は、デザインやライティング業務だけではなく、営業、マーケター、書籍制作など、さまざまな職種の方々に登録していただいています。

なかには、結婚や出産など諸事情によりわかさ生活を去った方や、定年退職した方など、元社員もたくさんいます。

現在、雇用の在り方は多様化する一方ですから、企業も柔軟に合わせていく必要が

あります。「就職するか」「退職するか」の極端な二択ではなく、さまざまな働き方を会社自ら提案してくれたのです。

ここで天才と凡人が違うのは「自社サイトを作る」という点だと思います。

この企画が上がったとき、社内では「既存の派遣サイトを使ったほうが、コストがかからないのではないか」といった声がありました。でも、それでは意味がありません。「自分はデザイナーの経験があるから、デザインの仕事がもらえるように派遣に登録しておこう」と言う人よりも「わかさ生活の仕事に興味がある。一緒に働きたい」と言う人と、良いものを作っていきたいからです。

もちろん、既存の派遣サイトにも優秀な方々が登録しているでしょう。しかし、角谷の根底にあるのは「豊かな心」。

外部の方であっても身内のように豊かな心を持って末永くお付き合いをしていくことで、良い仕事・良いサービスを作り出していきたいと考えているのです。

そのため、履歴書だけの登録ではなく、面談、ミーティングなどのコミュニケーションも頻繁に交えて仕事の実績ではなくその人自身を見るようにしています。

　また、登録している方々と直接お話ができる場を設けるために交流会も開催しています。依頼元がこのように登録者と会う機会を設けることは、非常に珍しいそうです。「納品して終わり」という淡白な関係性で終わらせずに、チームの一員として共にわかさ生活の未来を考えてくださる方を増やしていきたい――ここにも、「儲けること」ではなく「ファンを増やすこと」の意思があるように思います。

すべてがゼロベース思考

　このように、天才は今すでにある前提のものをゼロにし、基礎（ベース）がない状態から物事を考えることがほとんどです。

　通常は自分の知識や価値観の範囲を出ない発想に留まりますが、天才は常に広い視野で物事を見ているので、豊かな想像力で周りをあっと言わせるようなアイデアが生み出せるのだと思っています。

パートナー企業（弊社では取引先企業のことを〝共に商品やサービスを創る仲間〟という意味を込めてこのように呼んでいます）にマーケティングを依頼すると、決まって「競合他社はどこだと考えていますか」と尋ねられます。

しかし、私たちははっきりと「競合企業はない」と答えます。皆さん首をかしげて「でも、サプリメントの販売や健康グッズをメインに展開している企業は他にもありますが……？」と、不思議そうにします。

たしかに弊社はブルーベリーのサプリメントで認知度を高めた企業なので、わかさ生活＝サプリメント企業と思われるのも無理はないでしょう。

創業当時は「サプリメント」という言葉そのものがまだ日本に浸透していなかったのでサプリメント企業を謳っていましたが、今やサプリメントは誰もが知る健康食品です。市場規模は一兆円を超え、健康を気にする老若男女から注目を集めています。

でも、ここに居場所を求めているわけではないのです。むしろ「新しいブランドや世の中にないものを作っていきたい」と考えているので、すでに成熟している市場にずっと居続けようとは思っていません。

これも、天才と凡人の違いです。

凡人は「すでにサプリメントの企業として名前を知ってもらえているのだから、さらに売上高を伸ばしていけるように頑張れば、競合にも勝ち続けられる」と考えがち。しかし、天才は違います。そもそも、勝ち負けなんて眼中にありません。競合に勝とうが負けようが、そこにワクワクしなければ、そして、お客さまのためになっていなければ、意味がないからです。

わかさ生活が目指すのは「目の健康のことならわかさ生活」と、10人中10人が答えてくださるような、確固たるブランドを定着させることです。

ですから、あえて競合を挙げるとするなら、「世界の」がつく自動車メーカーと言ったら〝トヨタ〟、「乳酸菌」と言ったら〝ヤクルト〟のように、誰もが真っ先に頭を浮かべるような企業です。

もちろん、それがそう簡単な道のりではないことはわかっています。でも、だからこそ挑戦しがいがあるのです。

これまでのわかさ生活のイメージをゼロにして、生まれ変わる。そのための成長痛は覚悟の上です。天才が思い描く「目の健康のことならわかさ生活」の世界を共に目指し、大海原を航海中です。

どのように実行するか

今、本を手に取ってくださっているあなたがすでに創業社長の伴走者として働いているのなら、ここまでの話には共感することが多かったのではないでしょうか。

一方で「ゆくゆくはそんな社長のもとで働いてみたい」という方からすると「天才と一緒に働くのは難しそうだ……」と感じているかもしれません。

その通り、天才と働くのは決して簡単ではありません。

繰り返しになりますが、天才は朝令暮改が当たり前で、決定事項が覆ることは決して珍しいことではありません。

まずは「変更はあるものだ」と、天才の朝令暮改のクセを受け入れないことには、伴走者は務まらないと言っても過言ではないでしょう。

ところが、伴走者はトップの意図や思考のクセを理解できているから柔軟に対応できるものの、現場の社員はそうとは限りません。それゆえに、

「また社長が突拍子もないことを言い始めた」

「昨日と言っていたことが真逆。だったらなんで最初からそう言わないんだろう？」

と、不満が出がちです。

これは、創業社長の会社ではよく見られるシーンです。その結果、社長が「もういい！」となり、結局自らが動いて社長がさらに大変な思いをするか、せっかくの計画が実行されないまま終わってしまうなんてことになってしまいます。

だからこそ、トップの考えを自分自身が腑に落ちるまで理解し、具体的な計画に自分事として落とし込み、実行に移す存在が重要なのです。

周りの社員たちがマイナスに考えていたら、鼓舞《こぶ》し、ポジティブな言葉かけをしていきましょう。そして、

「たしかに実現するまでは時間がかかって大変かもしれないけど、社長はこんなことを考えたうえで判断しているんだ。きっと、これが実行できたら会社はますます楽しいことになる。それを想像したら、皆もワクワクしてこないか？　そのためにも、今、

皆で力を合わせて頑張ろう！」

と、社長の意図をしっかりと伝えていくことが大切です。天才の素晴らしさ、天才の視野の広さを全員が認識できるように、何度だって伝えていくのです。そのためにも、天才の思考を理解する必要があるというわけです。

また、それでもネガティブな発言やオーラが消えない社員がいたときには、チームから外れてもらう決断をくだすことも重要でしょう。一人でも難色を示す人がいたらやがてそれはチームに波及していきます。全員が気持ちよく社長の提案に向かって歩みを進められるように調整するのも、腕の見せ所なのです。

人生を変える「たった一つ」の仕事をつくる

私が今まで携わってきた仕事の中で最も忘れられないのは、全国高校女子硬式野球選手権大会の決勝戦を、甲子園で開催させることでした。

角谷は自ら「女の子だって甲子園‼」というスローガンのもと『花鈴のマウンド』

というマンガの原作を務めるほど、かねてから女子硬式野球の普及発展に力を入れてきました。

私がわかさ生活に入社したのは２０１０年のこと。初めてこれらの取り組みを聞いたときには、その行動力と実行力にただただ驚くばかりでした。

そして、こんな夢みたいなことが実現できる会社で働けるのは面白そうだとも思いました。

一方で、正直に言うと私は野球ファンというわけではなかったため、まさか自分もこのプロジェクトにかかわることになるとは、当時は予想すらしていませんでした。

あれは忘れもしない２０１２年11月のこと。

いつもと同じように出社をして仕事を始めようとしていたときに「ちょっと応接室でコーヒーでも飲もうよ」と、角谷から声をかけられたのです。

私たちはしばらく雑談を楽しんでいました。仕事の話、家族の話、ニュースの話など、何気ない時間の中で社長の考えに触れられるのは非常に楽しく、なんて貴重な時間なのだろうと思っていました。

そんなときに、「プロジェクトを一緒に動かしてもらえないか。どうしても彼女たちが甲子園に出場する夢を果たしたいんだ」と言われたのです。

その瞳は、面接で夢を語っていたあのときと同じく、少年のようにキラキラと輝いています。そこに、ちょうど前日に生まれた息子の未来が重なって見えました。

こんなに壮大なプロジェクトを実現できたら、子どもたちに「実行すれば夢は叶うんだ」ということを教えられるのではないか。明るい未来を、見せてあげられるのではないか。凡人の私でも、父親として誇れる仕事を、この世に残せるのではないか。考えれば考えるほどにワクワクすることしかなく、すぐさま「ぜひやらせてください」と返しました。

自分がやりたいと思ったことの先にたくさんの人の笑顔があるなんて、これほどうれしいことはないと思ったのです。

しかし、想像していた以上に一筋縄ではいかない展開を迎えました。

あえてここでは詳細を記しませんが「一企業がなぜ出てくるんだ」「傲慢すぎやし

ないか」と、目をそむけたくなるほどのバッシングを受けたことは一度や二度ではありません。

なかには事実と異なる内容で弊社を糾弾する記事も出て、何度唇を噛んだかわかりません。

なぜこんなにも私たちの取り組みが捻じ曲げられてしまうのだろうか……と、拳を握りしめた回数は数えきれないほどです。本当に、辛い日々でした。

しかし、それから数年後の2021年8月、第103回夏の甲子園大会休養日に、全国高校女子硬式野球選手権大会の決勝を甲子園球場で開催することになったのです。残念ながら、この過程に弊社はかかわっていません。

しかし、実現するに至ったのは「女の子だって甲子園!!」と声を上げ続け、何とかしたいと関係各所に動いたからであるのは間違いないと自信を持って言えます。熱い想いが世論を動かしたのです。

目指していたのは、決して「女子野球を通してわかさ生活が有名になること」ではなく「女子野球が盛り上がって、女子が甲子園球場のグラウンドに立つこと」だったので、結果としては「成功」と言えます。

苦い経験もしましたが、最終的には目指したゴールに向かうことができたので、会社としてはもう何も言うことはありませんでした。「やっとだ……！」と、ただただ安堵のため息をつきました。

紆余曲折ありましたが、私はこの経験から、ますます「天才が描く未来のためなら、どんなに苦しいことがあっても共に歩み続けたい」と思うようになりました。大人になっても夢を語ることの格好良さを学んだのです。

もしもあなたが仕事に釈然としない思いを抱えているのなら、まずは天才のアドバイスや発案に従い、自分の人生を変えるほどの仕事を成し遂げてみましょう。その先に、あなたの伴走者としての生き方があるはずです。

凡人力⑩

背中を追いかけ続ける。

凡人には天才と同じ思考はできない――たしかに、それは事実です。だからこそ、天才はすごい。でも、天才に学び、天才を“真似”ることはできるはずです。そのためにも天才の背中を追いかけ続け、アイデアの源がどこにあるかを考え続けましょう。超一流の凡人は、あきらめることを知りません。

凡人力⑪

天才の考えを理解し、社員に伝え続ける。

天才の夢を共に実現するには、社員たちの協力も必要です。しかし、なぜ天才がそう考えているかがわからなければ、社員のモチベーションはあがりません。そこで肝になるのが、凡人力。現場の声に寄り添いながら、天才の代弁者となって社員たちに思いを伝え続けましょう。それができるのは、あなただけです。

凡人力⑫

一つでもいい。誇れる仕事を成し遂げる。

「きっと自分は、死ぬ前にこのときの経験を思い出すに違いない」。そう思える仕事を成し遂げられたら、あなたの凡人力はより一層輝きを増すはずです。そんな仕事に出逢えていないなら、まだまだ半人前。自分の人生を変えるほどの経験は、きっとあなたの今後の生き方をも、導いてくれるはずです。

5章

〝頼られる凡人〟であるための仕事の流儀

「一緒にやる」のが実行者

経営者の側で働く役割といえば、秘書業務もあります。

秘書とは一般的に、スケジュール管理や調整など、経営者の総合的なサポートを担い、経営者にとってなくてはならない存在です。

日々忙しく動き回っている経営者は庶務業務にまで力が注げませんから、経営者が経営者としての手腕を存分に発揮できるように、秘書は尽くします。

もちろん、常に経営者の隣にいるので会社の未来図などを聞く機会もおおいにあるでしょう。

ここだけを切り取ると、伴走者は秘書とあまり変わらないようにも思えます。実際、秘書と兼任しているような人も、なかにはいるでしょう。

私が思うに、秘書は決められた範囲の業務をサポートするのに対し、伴走者は経営者の参謀であり、ときには志を同じくして会社の未来を語れる存在なのではないでしょうか。

貧しい農家の倅《せがれ》からのし上がり、出世男としても名高い豊臣秀吉は、1590年、北条氏を打ち破り天下統一を成し遂げます。そんな彼の成功に伴走するように陰で支えた人物がいました。実の弟・豊臣秀長です。

秀長も兄と同じく農家の子として生まれましたが、家を飛び出し織田信長の家臣となった兄・秀吉に対し、秀長は農民として生活する日々を送っていたそうです。

しかしあるとき秀吉からのスカウトを受け、秀吉の部下として仕えることに。当初は武士の仕事になじめなかったようですが、次第に戦や政治を学び、秀吉の補佐役として戦の場でも目覚ましい活躍を見せるようになります。

彼は武士としてのスキルだけではなく、温厚な人柄から秀吉の家臣たちからも非常に信頼されていたそうです。

そして織田信長の死後、敵討ちに成功した秀吉は織田家の家臣の中でも権力を持つようになり、天下統一に大きく駒を進めました。

その夢を実現させるために陰で彼をサポートし続けたのもまた、秀長です。秀長は豊臣政権の内情に関して「内々の儀は宗易、公の儀は宰相存じ候」と言っていたそうです。

これは「内々のことは利休に、公的なことは秀長に相談せよ」という意味で、つまりは豊臣政権に関する公的な事柄は、すべて自分が知っていると自身も認識していたのでしょう。

ここからも、豊臣政権においては秀長が重要なキーパーソンだったことが伺えます。事実、諸大名の中には秀長を頼る人も多かったようです。

その後、秀長は52歳で生涯に幕を閉じますが、史実好きの間では「秀長がもっと長生きをしていれば、天下統一はもっと長く続いただろう」とさえ言われています。それほどまでに、天下統一には秀長の貢献が欠かせなかったのです。

組織のトップである秀吉の良き理解者として、「天下統一」という壮大な夢を実現するために自分の生活環境を変えてまで全力で兄に協力をした秀長の忠誠心たるや、まさに伴走者の素質にぴったりです。

また、温厚な人柄で諸大名に寄り添ったり、武将としてチームを統率したり、兄・秀吉が先陣を切って戦に向かえるよう、戦略的な視点で対処したり……秀長のスキルを述べていくと、枚挙にいとまがありません。

彼は兄弟である以前に、兄の秀吉を絶対的に尊敬し、信頼していたのでしょう。だからこそ、生死と隣り合わせの戦場にも立ち向かっていけたのだと思います。

秘書ではない。共に、最後まで生きる。

これぞ、天才に仕える伴走者としてのあるべき姿だと思うのです。

自分を律する

秀長が秀吉のために自分の生活環境を変えたように、天才の伴走者として生きると決め、超一流の凡人になるためには、相応の「覚悟」が必要です。

私にとっての覚悟は、自分の時間。

性別や収入、生まれた環境などにかかわらず、誰にでも唯一平等に与えられているのが「1日24時間」という時間です。

しかし、使い方次第では同じ24時間でもまったく結果が違うものになります。たとえ平等であっても、これをどう使うかで人生に大きな差が出るのです。

であるならば、自分が本当に良いと思うことだけに貴重な自分の時間を捧げたいと思いませんか。

だからこそ、天才と思える人に出逢ったら、絶対にその手を離してはいけないのです。「学びたい」と思わせる要素があるなら、無我夢中で食らいついていくべきなのです。

そして「この人だ」と決めたなら、そのために自分の最も重要な資産である時間を惜しみなく費やしてください。

私は、常にその覚悟を持っていると胸を張って言えます。

自分の時間軸ではなく、天才の時間軸に合わせるので、多くの仕事はスピード重視でその日のうちに返すと決めています。

前職ではそんな考えを持ったことさえありませんでした。自分の時間は自分のためだけにあり、働く理由も自分のためでしかなかったのです。

でも、今は違う。即断即決の天才の伴走者として後れを取らないよう、天才についていくと決めた日から、自分の時間はすべて捧げることを胸に誓ったのです。

時間は命と同等の重みがあると、私は考えています。きっと、注いだ命（時間）の量こそが、その人の「覚悟」の表れだと思います。自分が心底惚れ込んだ天才の夢を実現できるなら、自分の時間なんて必要ない。その覚悟が、あなたの力をより強いものに変えていくでしょう。

もちろん「自分はそこまで犠牲にできない。もう少し緩く、平々凡々と働いていきたい」という人もいると思います。その意志を否定はしません。

きっと、そうした働き方のほうが楽しいと感じる人もいるはずです。

否、多くの凡人はその選択をするのかもしれません。でも、おそらくそんな人は初めからこの本を手に取っていないでしょう。

だからこそ、ずばり言います。

やりがいを求め、天才についていきたいと思うならば、ときに自分を律する覚悟と決心を持って挑んでください。

わかった気にならない

天才は孤独な生きものです。

すべての最終判断をくだし、何かが起きた際には一切の責任を負わなければならない。心の負担はいかほどだろうかと思います。

そんな天才の話を聞き、共に前に進める役割として実行役の伴走者がいるわけですが、勘違いしてはいけないのは「すべてをわかった気になる」ことです。

もちろん、天才の指示を実行に移し、成果を上げるのが役目。思考のクセを熟知して理解度を深めるためには「わかろうとする努力」は大切です。

でも「つまり、天才はきっとこうしたいに決まっている」と、勝手に自己解釈してはいけない。どんなに些細なことであっても必ず「それではこうしますね」と確認を取るのです。

伴走者として働く人のなかには「いつかは自分も天才になってやる」と思っている人もいるかもしれませんが、天才は指示役であり、伴走者は実行役であることを忘れてほしくありません。

この境界線を明確にしておかなければ、天才の指示をあたかも自分が考えたことのように錯覚してしまいかねないからです。それは伴走者としての仕事ではなく単なる「天才のマネごと」でしかありません。

本書では何度か「言われたことを言われた通りにやる」という表現を用いていますが、わかった気になってしまう人というのは、自分のアレンジをきかせようとしがちです。自分の手柄にして業績を上げ、評価されたいからです。

しかし、本来あるべき姿は「影武者」だと、私は考えています。

天才が言う通りに実行できたことに喜びを感じる。評価なんてされなくとも、天才の夢を実現できるなら自分の存在は知られなくたっていい。

むしろ、天才のアイデアを一番に聞けるだけで幸せだ。――このくらいの気概があって、ようやく伴走者が務まります。

逆に言うなれば、ここまで自分を消すことに抵抗を感じるのなら、あなたはそこにいるべきではありません。

未知の領域でも率先して学び、挑戦

天才からの指示には絶対に「できない」を言わないと決めていますが、先述している通り、ほんの一瞬「どうしたらいいだろうか」と疑問に感じるときは、もちろんあります。

自分の中にまったくノウハウがないことや経験として蓄積されていないもの、得意じゃないジャンルなど、自分と結びつかないものに関しては特にです。

私は前職で金融関係の仕事をしていましたが、財務や法務のスキルが人よりあるわけではありません。

しかし、天才の隣にいるうちに契約書に触れる機会が非常に多くなりました。書面を見て契約するかどうかを決める。場合によっては交渉をしたり、取引先の分析をしたりする作業も発生する。

これは非常にプレッシャーのある役割です。それまで契約書について学ぶ機会がなかったため、まさに未知の領域でした。

しかし、事業に対するメリットやリスクなどを文面から読み取らなければ、最悪の場合、会社に大きな損害を与えかねないのです。「自分にできるのだろうか」と不安にもなりましたが「やってほしい」と言われたからには断るわけにいきません。そこから今に至るまで、ずっと勉強の毎日を送っています。

もちろん、外部の専門職の方に契約書の是非を見ていただき、意見を仰ぐこともできます。

ところが専門職の人というのは事務的処理になりがち。文言や内容が法的におかしくなければ承認してしまいます。

業務上は間違いではないのですが、会社として契約を交わす以上、会社の想いや理想をしっかりとわかっている人間が契約書のポイントを押さえておくことは大切です。

そのことに気がつけたのは、まさに未知の領域にチャレンジする機会をいただけたからだと思っています。

今現在も専門書を片手に契約書とにらみ合いをすることはありますが、このことをきっかけに、また新たな自分の可能性に気づくことができました。

では、なぜ未知の領域でも怖けることなく挑戦できるのか。

今は便利なことにインターネットを使えば無限に広がる世界にアクセスできます。本を開けば、たくさんの情報が手に入ります。電話やメールをすれば、会いたい人に会うことだって不可能ではありません。

つまり、知らないジャンルであってもまずは調べて、その分野で成功している人がいたら、その事例に従ってみたら良いのです。

ときには一緒にチャレンジしてくれる人を見つけてもいいでしょう。

だから、たとえほんの一瞬、疑問や不安がよぎったとしてもまずは率先して「わかりました」「できます」と口にするのです。言葉は言霊ですから、それだけでも前に進みます。

そして「できます」と言ったからには、自分のものにできるまでとことん学ぶ。これを「苦行」と表現するのか「挑戦」と表現するのか。自分の知らない分野に足を踏み入れることを「楽しい」と思うのか「面倒」と思うのか。自分の時間を削って勉強に励むことを「ありがたい」と思うのか「大変」だと思うのか。

そして、その行き着く先に、天才の夢の実現があることを常に意識できるかどうか。

これによって伴走者としての真価が問われると思っています。

さあ、あなたはどちらですか。

物申してはいけないわけではない

天才の指示にＮＯは言わない。言われたことを言われた通りにやる。ときには自分を律する。

捉え方次第では「〝忠犬〟のようだ」と思われるかもしれません。

しかし、それは断じて違います。私は、誤解を恐れずに言うならば、自分が言いたいことをこらえてまで、自分に嘘をついてまで、天才に仕えなくても良いと思っています。

天才だって人間です。

完全無敵で完璧というわけではありません。どうしても理解に苦しんだりどんなに考えても意図がわからなかったりする場合には、物申すこともときには必要でしょう。

トップと伴走者は、会社を育てていくうえで常に同じ方向を向いていなければなりませんから、ここで正しくコミュニケーションが取れて信頼関係が結べていないと次第に軋轢《あつれき》を生んでしまうからです。

むしろ「どうしても譲れない部分があるけど、社長に言ったら怒られるかも……」なんて考えるようでは、まだまだ天才に仕える立場には程遠いとも言えます。

自分が惚れ込んだ天才を信じ、臆せずに発言する力も身につけてください。

トップにはない強みを身につける

組織において他の社員よりも圧倒的に突き抜けている人には、必ず共通点があります。それは、仕事の中で自分が何を成果として出したら会社に貢献できるのかを常に考えている点です。

ここで大切なのは「自分が会社で何を実現したいのか」ではなく「自分は会社で何

をするべきなのか」に着目すること。

近年は「個の時代」で、自分が好きなこと・やりたいことを貫く姿勢が良しとされています。

もちろん、そんな生き方も素敵です。人生は一度きりですから、明確に「こうありたい」を持っている人は、その道を突き詰めるのも良いでしょう。

ただ、それは極端な話「会社か、自分か」の、どちらかを優先しようとする考え方のように思えます。

一方、会社で頭一つ飛び抜けている人は「会社の中で、自分がやりたいことを実現する」という視点を持っています。だから、自分にとっても会社にとってもプラスに働く行動を自然と取れるようになるのです。

では、伴走者における「会社の中で、自分がやりたいことを実現する」とは何か。言わずもがな「自分がやりたいこと＝トップの夢を実現すること」でしょう。

そして、そのために何をすべきかといえば、トップにはない自分だけの強みを見つけることです。くどいようですが強調しておくと、強みは「トップにはないもの」であることが重要です。

なぜなら、伴走者は天才と違う能力や性格であることが理想的だからです。何から何までトップと同じだったら、それはコピーロボットにしか過ぎません。

伴走者はトップのコピーではありませんし、また、イエスマンになってトップを気持ちよくさせるために存在しているわけでもありません。

右腕として、ときにはトップができないことを補完するのが役割です。だからこそ、頼られる存在なのです。

そして「これこそは」というものを定めたら「トップはもちろん、社内で誰よりもこの分野では一番になる」と、自分の中で誓いを立てましょう。するとよりいっそう意識がそこに向かい、驚くまでに自分の強みが強化されていきます。

そして、会社内でも認識されるようになり、自信も育っていくのです。

私の強みは、前職で鍛え上げた法人営業スキル。

なかでも外部折衝や交渉事は、私の右に出る人はいないと自負しています。あまり出番がないことを願ってはいるものの、取引先とトラブルが起きたり、どうしても部下だけの力では前に進まない案件があったりする場合には、私が社を代表して場を収めに行くこともあります。

以前は社長が交渉事まで担当することも多かったと聞きます。外部折衝は時間も労力もかかり、精神的な負担も大きいですから、天才の貴重な時間を確保するうえで、私の強みはおおいに活かされているのではないかと思います。

自分の強みがわからない人は「天才の時間を確保するために何ができるか」という視点で考えてみましょう。天才が天才としての能力を十二分に発揮できる環境を整えるには、天才が自分のことに使える時間を作ることが重要です。

そのために活用できるスキルを、強みとして磨いていくのです。

弱みを認める

強みを活かすうえでは、自分の弱みを知ることも大切です。

前職で仕事をしていた際、周囲からは「松浪は起業をしないのか」と声をかけられることが多かったのですが、私は「自分には無理ですね」と答えていました。

ありがたいことに「いやいや、こんなに経験もあるんだから、大丈夫だろう」と言ってくださる方もいましたが、自分のことは自分が一番よく知っています。

私は小心者なのです。

きっと起業なんてした暁には、業績や社員の進退などが気になって、毎日不安で眠れない日々を過ごしていたでしょう。

「天才のアドバイスには何が何でも従う」とは言っているものの、間違いなくゴールにたどりつけるまでは常にそのことが頭から離れず、ハラハラドキドキしています。「こうしなければ、ああしなければ」と、仕事の流れを何度も頭の中で組むものですから、ときにはそれが夢の中に出てくることもあるほどです。こんな社長のもとに、社員はついていきません。

一方で、働くことを苦に感じない性格でもあります。結果が出ればうれしいし、求められることに喜びも感じます。

だから私は決めたのです。自分はトップになるのではなく、凡人の中での頂点を目指し、そして天才に伴走する人間になろう、と。

すると、弱みだと思っていたものは、次第に強みを強化してくれる存在になりました。

例えば、私は感性で動く天才とは真逆で、プロセスを組んで常に論理的に動かないと気が済まない性格です。スピードを意識しながらも、頭の中ではその都度、業務の設計をし、戦略を張り巡らせています。

かつてはそんな自分を「小心者だ」とか「臆病者だ」と思っていたのですが、天才の伴走者として働くうえでは「考えなければ気が済まない性格」や「はやく終わらせないと不安になる性格」は、おおいに役立っていると感じます。

天才の指示を自分の中で落とし込み、スピーディーに実行に移すにはロジカルに考える力も欠かせないからです。

天才の感性を最大限に活かすために、一流の凡人が論理で支えると言ったほうがわかりやすいかもしれません。

また、弱みと同様に、自分のコンプレックスと向き合うことも超一流の凡人力を身につけるうえでは欠かせないと考えています。

私は四年制大学に入れなかったことをずっとコンプレックスに感じていました。しかし、だからこそ「エリートには負けたくない」という気持ちのもと、自分のお金と時間を使い、教養を磨くための投資を惜しみませんでした。

高級な飲食店を体験してみたり、人脈を増やすためにセミナーに足を運んでみたりと、大卒の新入社員と互角に渡り合っていけるよう、常に行動を意識していました。

この経験があったからこそ、今の自分があることは間違いありません。

超一流の凡人力を身につけるうえでは、己を知る必要があるのです。

そして、己のすべてを認めることにより、誰にも負けない「強み」に気づけるのではないでしょうか。

本当の失敗はたったの一割

仕事に失敗はつきものです。

特に、会社で役職を与えられる人というのはそれだけハードルの高い業務をこなしているため、失敗を経験する頻度も高いでしょう。

しかし、これまでの自分の仕事人生の中で「あれは本当に失敗だったな」と私が反省するものは、ほんの一割程度です。

そもそも失敗という表現は、方法を誤って良い結果が得られなかったときに使います。つまり、一度うまくいかなかったとしても、あきらめずに別の方法でトライしたものが最終的に形になれば、それは失敗ではなく成功になるのです。

天才は失敗を執拗に責めないと先述しましたが、おそらくそれは、天才も失敗を幾度も積み重ねていきながら成功を手にしているからでしょう。成功の途中に、失敗する体験がつきものだということをわかっているからです。

だからこそ、反省して落ち込むのではなく、失敗を次に活かすための策を考えることが重要だというわけです。

天才の伴走者は、失敗を恐れてはいけません。

「うまくいかないかもしれない」「断られるかもしれない」……そんなネガティブな感情を抱えていては、うまくいくこともいかなくなります。絶対に自分はできるんだと確固たる自信を持ち、堂々と、そして淡々と、仕事と向き合いましょう。

凡人力⑬

共に最後まで生きる心意気。

天才に伴走する超一流の凡人に求められているのは、決められた範囲の業務をサポートすることではありません。もちろんそれも大切ですが、優秀な凡人というのは、天才と同じ志を持ち、共に会社の未来を考えることができます。何があっても天才の側に仕える心意気を忘れずに、日々を生きましょう。

凡人力⑭

未知の領域でも挑戦する。

天才からの指示に対して「できない」と言わないためには、未知の領域でも飛び込み、学び、自分のスキルとして身につけることが大切です。世の中には、溢れ返るほどの情報があります。それらをうまく使いこなし、ぜひ、自分のものにしてください。それを楽しいと思えたら、超一流の凡人です。

凡人力⑮

強みと弱みを知る。

超一流の凡人になりたいのなら「これだけは天才には負けない」と思える自分だけのスキルを持ちましょう。そして、天才の夢を共に実現するために、それをいかんなく発揮してください。そのためには、自分の弱みと向き合うことも大切です。自分を内省し、自己を分析することで、自ずと強みも見えてきます。

6章

天才の下だからこそ、できる仕事がある

〝長期的な社会貢献〟を形に。震災復興への協力

ここまで、一流の凡人＝伴走者としての働き方について話してきましたが、私は「自分は伴走者なんだ」と意識して仕事をしているわけではありません。

ただただ愚直に、天才の夢を一番に実行する人でありたいと願っているうちに、自然とそのような役割に就いていたというだけです。

ただ、「自分は頼っていただける立場にあるんだ」と確信した出来事があります。

２０１１年3月11日、日本はおろか世界中を悲しみの渦に巻き込んだ「東日本大震災」です。

本社がある京都はそこまで大きな揺れはなかったものの、ニュース速報が入った瞬間、「とんでもないことになった」と直感しました。私たちは全国に約３６０万人のお客さまがいますから、とても他人事には思えなかったのです。

すぐに社長から幹部社員に連絡が入り「各自、会社としてどんな支援ができるのか、

また、顧客の皆さまにどんな対応をすべきかを考えておいてほしい」と言われました。

そして、翌日の朝8時には各部署のリーダーが結集し、今後の対策を話し合う場が設けられました。会社としてすぐにできることは寄付と商品の支援ということで、わかさ生活からはまず三億円を寄付することに決まりました。

「では、関係機関に連絡を入れて手続きを進めますね」

私がすぐさま言うと、

「生きたお金の使い方をしてくれる団体を探してほしい」

と返ってきました。寄付をするだけなら誰でもできる。でも、その寄付が何に使われたかまではなかなか見えません。

しっかりと被災者の支援につながる方法を考えてくれるところに寄付がしたい。これが、ただ一つの願いでした。

弊社ではこれまでに何度も寄付をしていますが、そのたびに「ちゃんと正しく使われているのかがわからない」と歯がゆい思いをしてきました。

とはいえ、大金を寄付するなんて初めての仕事だったので、当然ながら私にノウハウはありません。どこの団体にあたればいいか、誰に何を聞いたらいいのか、見当すらついていませんでした。しかし、社長直々の依頼を断る理由はどこにもありません。

「もちろんです」

そう答えると、すぐさま募金について調べ上げ、「赤い羽根募金」でおなじみの中央共同募金会に連絡を取ることにしました。

そして「災害ボランティアの方の活動費に活かしてもらう」という約束のもと、三億円を中央共同募金会に寄付することになったのです。

正直に言うと、それまではどこに寄付をしても同じという思い込みがありました。寄付にも「生きたお金」と「死んだお金」があるなんて、考えもしなかったのです。

この依頼がなければ、思考停止のように「募金といえばここが有名だろう」というだけの理由で動いていたかもしれません。自分の思考の浅さを恥じると共に、あらためて天才の視座の高さに脱帽しました。

また、同時にお金だけではなく、避難生活を余儀なくされている被災地の方々の健康状態を保つために、マルチビタミンとカルシウムのサプリメント10万袋の寄贈も決定しました。

すべては、発生から間もない二週間弱の間に決定・実行されたものです。まさに、スピード感を重視している天才らしい対応でした。

それだけではありません。震災から約一カ月が過ぎようとしていた頃、今度は「お金やモノだけが復興支援ではない。人の雇用こそ、やらなければならない」と、東北地方に支社を作ることが決まりました。

「……えっ、支社……ですか⁉　しかも、東北地方に⁉」

誰もが狼狽《ろうばい》の表情を隠せずにいました。

日本を揺るがす大災害が起きたのですから、当然のことながら会社の売り上げは下がっていきます。私たちだけではなく、多くの企業は同じように下がり続ける業績に肩を落としたはずです。

それほどまでに、震災が与える影響は大きかったのです。

だからこそ「これから巻き返さないといけない段階なのに、なぜわざわざコストがかかるようなことをするのか」と、多くの社員は思ったことでしょう。

まして、まだまだ復興途中の地域に支社を出すなんて、普通の会社なら絶対に考えません。

しかし、普通では考えないことを考えるのが天才です。

当時、震災によって深刻な被害を受けた企業から「内定取り消し」を言い渡される学生が相次いでいると頻繁に報道されていました。

「春からの働き口がなくなって、どう暮らしていけばいいのかわからない」「せっかく就職できたと思ったのに……」と嘆く学生は多くいました。

そんな様子を見て「何とかしなければ」と、いてもたってもいられなくなったのでしょう。

私は、このような考え方を貫く天才の姿に惚れてここにいるので、真っ先に「自分が動かします」と手を挙げました。そうと決まれば善は急げ。すぐに現地のハローワークに出向き、震災特例求人申込みを開始しました。

さすがに一日二日では支社は開設できませんが、その間にも内定取り消しによって辛い思いをしている学生やそのご家族がいるはずです。

少しでも不安を取り除けるなら早いほうが良いと、震災の影響を受けた18～25歳までを対象に、京都本社で彼らを受け入れる体制を構築したのです。

そのかたわらで、宮城県内を周り、支社として開設できる場所を探しました。そして震災から約一年後の2012年4月に、宮城県仙台市に「わかさ生活東北コミュニケーションズ」を開設するに至ったのです。

選んだ場所は、「仙台トラストタワー」という仙台のランドマーク。

実は震災発生時、このビルはほとんど影響を受けず、多くの建物が停電するなかで唯一と言っていいほどライフラインが無事だったそうです。

それだけでなく、ビルオーナーや最上階に入っているウェスティンホテルのスタッフたちは、自分たちにも家族がいて心配でたまらないであろうなか、困っている被災者を助けたと聞きました。

そんな場所だったら、社員もその家族も安心できると思ったのです。

こうした行動の起点には「社会貢献がしたい」という気持ちが真っ先にあるわけではありません。困っている人がいたら笑顔にしたい。辛い思いをしている人がいたら手を差し伸べたい。ただそれだけなのです。

そして私は、そんなシンプルでありながらも常人にはなかなか真似ができない思考に惚れたから、何の疑いもなく素直に実行に移せるのです。

震災関連の支援がようやく落ち着いた頃、こんなことを言われました。

「松浪くんに頼んだら、すぐに動いてくれる」

面映《おもは》ゆい気持ちでいっぱいでしたが、心の中ではガッツポーズをしました。

この出来事をきっかけにして、私はますますこの人を支えたいという気持ちを強くしました。

「全部できること」の魅力

日本の企業の多くは、役職に応じた職務の権限が与えられた社員がいて、その職務内容は明確化され、事業はルールや決定事項に基づいて運営される「官僚制組織」です。

なぜこのスタイルが定着しているのかといえば、おそらく能動的に動かずとも働けるからだと考えます。そして、そのほうがトラブルが起きにくいので、会社経営がしやすいのでしょう。

例えば、がちがちに定められたルールやマニュアルに沿えば、たいていの業務は滞りなくスムーズに進みます。また、職務が明確になっていると上下関係もはっきりしているため、誰の指示に従えば良いのかが明白です。さらには専門性の高い経験者や資格保持者が職務にあたるので、効率よく仕事をこなしてもらえるというメリットもあるでしょう。

私の経験上、組織の規模が大きくなればなるほど、こうした働き方を良しとする風潮があるように思います。実際、前職の金融機関はまさに官僚制組織で構成されていました。

だからこそ、まったく真逆をいくわかさ生活の社風に初めは面食らってしまったわけですが、両方を経験したからこそ言えるのは、ずばり、官僚制組織は「つまらない」ということです。

まず、マニュアルにないことは「規則外」のことなので、失敗を恐れるあまりチャレンジ精神が養えません。

また、職務が明確に定められているため自分の仕事にしか目を向けず、社内の結束力が育まれることは少ないと言えます。

すると、社員の視野はどんどん狭くなり「言われたことだけやっていれば良い」という思考停止の状態を生んでしまうのです。

さらに、専門性の高い人がその分野に特化した仕事をするのは効率的で成果が出やすい反面、横のつながりも希薄になるでしょう。効率性ばかりが強調されることで、個々の成長という側面には光が当たりません。

あろうことか、ヒエラルキーが存在する職場で誰か一人が秀でていると「自分の地位を奪われるのではないか」という意識が各々に働き、改革をしようとするメンバーは排他的な扱いを受けることさえあります。

何より恐ろしいのは、規則を守らなければいけないと強固になるがあまり、次第に顧客ではなく会社を向いた仕事しかできなくなることです。

たしかに思考停止の状態でも仕事ができるのは、楽といえば楽かもしれません。しかし、こんな官僚制組織は、社員はおろか企業そのものが「成長」しません。現状維持に甘んずるあまり、変わることを恐れているので当然の結果です。

私も最初のうちは、ある程度の地位に就いたり年収が上がったりと成果が目に見えることにやりがいを感じていました。

しかし、目標を達成した途端に自分の働く目的が見えなくなってしまいました。挑戦する場がなかったので、ここから何を目指していいのかがわからなくなったのです。

今思うと、決定打となったのはグレーゾーン金利問題ですが、その前からじわりじわりと自分の働き方に疑問を抱いていたように思います。だからこそ、まったく違う業種へと飛び込みたかったのかもしれません。

わかさ生活という船に乗せてもらったことで、私は実にたくさんの「初めての体験」をしました。同時に、壁にもぶち当たりました。前職の常識を捨てきれずにいる間は、それはそれは苦労したものです。

しかし、前職では見えなかった景色、抱かなかった感情、「楽しく働けている」という確かな実感が得られるようになったのは、これまでの常識を捨て去り、まっさらな気持ちで何事にも挑戦するようになったからです。

そして、凡人としての道を極める決心ができたのもまた、天才に出逢えたからです。私自身、自分にまだこんなに伸び代が残っているとは思いもしませんでした。

全部できるということは、自分の守備範囲が広がり、負担が増えるように感じるかもしれません。しかし、それに魅力を感じて楽しめる人こそが、天才の伴走者として輝いていけるのではないでしょうか。

だから天才と働くのは楽しい

もしも私が「君は前職が金融だったから、経営のことだけ考えてくれたらいいよ。それ以外はそれぞれ別の社員に任せるから」なんて言われていたら、挑戦する機会を得られず、こんなにいきいきと働けていなかったでしょう。

いいえ、伴走者になりたいとすら思っていなかったかもしれませんし、ともすれば今、こうして本を書くこともなかったと思います。

おそらく天才と出逢っていなくとも、凡人力を磨こうと思わなくとも、それなりのサラリーマン人生は歩めていたでしょう。慣例に従って仕事をし、生活に困らないくらいの収入を得て、老後を迎える平凡な人生もあったと思います。

ただ、「消化試合」のような生き方になっていたのではないかとも思うのです。成長や挑戦がない人生を楽しくないと思えるのは、まさに長年プレーヤーとして最前線にいる角谷の背中をずっと見てきたからです。

私のすべての行動の原点には「天才だったらどうするだろうか」があります。当然、すべてを理解しているとはまだ言えないレベルですが、意志を継承していく者の一人という自負を持ち、常に仕事と向き合っています。

なかでも、天才の思考を自分の中に取り込むことによって「圧倒的に変わった」と感じるのは「視点」です。

本書でも何度か書いたように、社長は履歴書よりも相手のクセや言動から本質を見抜こうとします。

そのノウハウはとても言語化できるものではなく、感覚として磨いていくものなので「どうやって見抜いているんですか」と聞いたところで、正解が出るものではありません。

だから、私なりに人の見方を変える努力をしました。

例えば、高校卒業後、40歳までアルバイトを転々としていた人が面接に来たとしましょう。

職業差別的な表現になるのは避けたいところですが、しかし一般的な企業であれば「なぜ40歳まで就職もせずにアルバイトばかりしていたのか」「なぜ大学に行かなかったのか」など、その経歴をネガティブに受け取る人事がほとんどではないかと思います。おそらく私も、以前はそのタイプでした。

しかし、今は違います。

「彼はさまざまなアルバイトを経験する中で、どんな価値観を身につけたのだろうか」「趣味に読書と書いてある。どんな本を読んでいるのだろうか。ひょっとしたらそこから仕事に通じるキーワードがあるかもしれない」と、目の前にいる人の特徴や個性、これから頑張っていきたいことなど、その人自身に目を向けるようになったのです。

私自身、学生時代はろくに勉強をしてきませんでしたが、社会に出てからというもの、生き抜くための知恵をつけるために死にものぐるいで学んできました。

そして、凡人なりの一番を目指すために、今も努力を惜しんでいない自負があります。それなのに「学歴が派手ではないから」という理由だけでイコール勉強をしてこなかった人だと結びつけるのは、あまりにも乱暴でしょう。

天才はそれをしない人です。だから、私もコミュニケーションの中から相手の本質を見抜くことに力を入れてきました。

少しでも天才の感性を取り入れ、超一流の凡人として、天才の隣で働き続けたいと心から思ったからです。

そして繰り返していくうちに、次第に自分の人生がより前を向く感覚を抱きました。ありふれた表現にはなりますが、日本で一番高い山が「富士山」であることは誰もが周知の事実ですが、「日本で二番目に高い山」を答えられる人はそれほど多くいません。

天才の伴走者とは、いわば「縁の下の力持ち」的な存在で、決して華やかな役とは言えないでしょう。

でも、それで良いのです。二番目の中の頂点を目指し、天才に伴走していたら、きっと自分だけではたどりつけなかった驚くべき未来を見せてもらえるのですから。

凡人力⑯

真っ先に自分が動く。

どんな要望であっても、自分が真っ先に手を挙げ、行動に移す——そんな気概を持って、日々の業務と向き合いましょう。今、何を求められているのか。自分には何ができるのか。天才の一挙手一投足を見逃さず、常にアンテナを張り巡らせていると、スピーディーに体が動くようになるはずです。

凡人力⑰

天才の視点で物事を考える。

天才の思考をすべて理解することは難しいかもしれません。でも「理解したい」という気持ちは忘れずにいたいものです。そして、何をするにも「こういうとき、天才だったらどうするだろうか」を念頭に置き、行動しましょう。その繰り返しによって、あなたの凡人力はさらに磨きがかかります。

凡人力⑱

天才の感性を取り入れ、本質を見抜く。

「天才だったらどうするだろうか」を考えることはすなわち、天才の感性を自分の中に取り込むということです。これこそが、人や物事の「本質」を見抜く目を養う第一歩だと考えています。相手の本質に目を向けられるようになれば、人生は輝きを増します。天才と働き続けると、思わぬ自分に出逢えるのです。

おわりに

天才の伴走者としての立ち位置は「経営者のように全責任は負いたくないけど、平社員ではいたくない。地位も収入もそれなりに手に入れたい」という人のためのポストではありません。

伴走者は、トップと現場の橋渡し的存在であり、トップの夢を実現させる実行者であり、覚悟を持って責務をまっとうする、会社において非常に重要な役割です。この存在がなかったら成立しない組織も、世の中にはたくさん存在しています。

一方で、私は決して「天才の側で働く伴走者だから、覚悟を持って仕事をしている」わけではありません。

たとえ肩書きがなかったとしても、心底惚れ込んだ天才の夢を実行に移すために、全力で奔走していたはずです。役割は単なるカテゴライズにしかすぎず、大切なのは想いの強さだと思うからです。

今現在、ナンバー2のような働き方をしている人は、どうか自分の胸に問いかけてみてください。

「自分は、何のためにここで働いているのか」

もし、少しでも自分の中で揺らぐ気持ちがあったのなら……。あなたは今の職場を去るべきです。少々強い言い方になってしまって申し訳ないですが、それほどまでに天才の伴走者として働くには覚悟が必要なのです。

もしも心から「自分が信じてついていっているトップの理想を叶えたいから、ここで働いている」と思えるのなら。

その時点であなたは「超一流の凡人力」を備えていると言えます。

ありがたいことに、取引先の会社から「うちで働いてみませんか」と声をかけていただくことが稀にあります。私の仕事の姿勢を見て評価してくださったとしたら、本当に光栄なことです。

しかし、私はすべて丁重にお断りしています。私は単に「それなりのポストに就いて仕事がしたい」わけではなく「たくさん稼ぎたい」わけでもなく「角谷のもとで超一流の凡人を極め、伴走者として共に働き続けたい」と決めているからです。

ですから、

「まあまあ、そう言わず。うちなら今の給料の倍は出せますよ。どうですか？　うちで働いたほうが、松浪さんにもメリットがあると思いませんか？」

と言われたときには、さすがにカチンときてしまいました。

私がお金を重視して仕事を選んでいると思われたことに、見当外れも甚だしいと、怒りが湧き上がってきたのです。

お金よりも大切なものがあるから、譲れないものがあるから、私が今の責務をまっとうしているということを、一流の凡人として生きると決めたことを、読者の皆さんはすでにおわかりいただけていると思います。

どうか、本書を読んだ皆さんが、超一流の凡人として生きる私の姿に共感し、同じ道を志してくれたとしたら、これほどうれしいことはありません。

最後に、本書を執筆するにあたってサポートしてくださったクロスメディア・パブリッシングの皆さん、共に働くわかさ生活の皆さん、これまで支えてくれた家族に、心から感謝します。

そして、凡人の私を社会でご飯が食べられるように育ててくれたYさん、人生を変え未来へ続く価値を与えてくれた尊敬する角谷建耀知社長へ、最大の感謝と敬意を込めて、筆を置かせていただきます。

［著者略歴］

松浪宏二（まつなみ・こうじ）

大阪府箕面市出身。高校卒業後、一部上場の金融会社に入社。優秀な営業成績をおさめ24歳で営業・管理部門の管理職に抜擢される。2010年、株式会社わかさ生活に入社。社長の角谷建耀知という創業経営者であり“天才”と出逢い、仕事観が大きく変わる。以降、自らを「社長付《づ》け」と名乗り、可能な限り共に行動し、前例がなくとも求められれば素直にがむしゃらに取り組むことで社長の伴走者として活躍。2023年より同社で執行役員専務を務める。

超《ちょう》一《いち》流《りゅう》の凡《ぼん》人《じん》力《りょく》

2024年5月21日　初版発行

著　者　　松浪宏二

発行者　　小早川幸一郎

発　行　　株式会社クロスメディア・パブリッシング
〒151-0051 東京都渋谷区千駄ヶ谷4-20-3 東栄神宮外苑ビル
https://www.cm-publishing.co.jp
◎本の内容に関するお問い合わせ先：TEL（03）5413-3140／FAX（03）5413-3141

発　売　　株式会社インプレス
〒101-0051 東京都千代田区神田神保町一丁目105番地
◎乱丁本・落丁本などのお問い合わせ先：FAX（03）6837-5023
service@impress.co.jp
※古書店で購入されたものについてはお取り替えできません

印刷・製本　株式会社シナノ

ISBN978-4-295-40969-4　C2034